SEGREDOS REVELADOS DE JESUS

SEGREDOS REVELADOS DE JESUS

CLAUDIA DE ANDRADE SOUTO
PAULO AUGUSTO CARDOSO

Os versículos bíblicos citados
nesta obra foram retirados da versão
pública de João Ferreira de Almeida
Esta obra é parte integrante de A Bíblia Real

EDITORA VIDA DE BRAVOS
2017

Copyright © 2017 Editora Vida de Bravos Ltda.
para a presente edição
Copyright © 2017 Claudia de Andrade Souto
e Paulo Augusto Cardoso

Todos os direitos reservados para editora Vida de Bravos Ltda. Nenhuma parte desta edição pode ser utilizada ou reproduzida por qualquer método ou processo sem expressa autorização da editora.

Capa
Thiago Calamita

Editor gráfico
Ailton Mezalira

Colaboração
Hugo L. de Oliveira Soares
Luíza Brito Cardoso

Editora Vida de Bravos Ltda.
Rua Almeida Nobre, 96 – Vila Celeste
CEP: 02543-150 – São Paulo, SP – Brasil
Tel.: (11) 2239-5931

SUMÁRIO

INTRODUÇÃO 7

AGRADECIMENTOS 11

CAPÍTULO 1 – O VERBO 13

CAPÍTULO 2 – MARIA, A MÃE DE JESUS 25

CAPÍTULO 3 – O BATISMO 37

CAPÍTULO 4 – SOBRE AS MESMAS LEIS DE DEUS 51

CAPÍTULO 5 – AS DOZE FORÇAS ESPIRITUAIS 75

CAPÍTULO 6 – PRÓDIGOS E MAGIAS DE TRANSFORMAÇÃO 85

CAPÍTULO 7 – O PÃO DA VIDA 91

CAPÍTULO 8 – QUARENTA NOITES E QUARENTA DIAS 111

CAPÍTULO 9 – LEVANTA-TE E ANDA, A CURA ESPIRITUAL 119

CAPÍTULO 10 – A ESPADA DA VERDADE 131

CAPÍTULO 11 – FILHOS DE ABRAÃO OU FILHOS
DE POUCA FÉ? 139

CAPÍTULO 12 – AS LEIS DA TERRA E O JULGAMENTO
DO HOMEM 153

CAPÍTULO 13 – O CORDEIRO IMOLADO 175

CAPÍTULO 14 – JUDAS, UM FILHO À ESQUERDA DO PAI 193

INTRODUÇÃO

QUEM FOI JESUS?

Qual a verdadeira identidade deste ser tão especialmente iluminado, nobre e divino; que caminhou sobre a terra inviolavelmente leal, digno e fiel ao vosso Pai, porque ainda que não conseguisse os homens compreendê-lo ou crer em suas palavras, ou mesmo diante de toda desonra e injustiça, jamais abandonou a sua verdadeira missão, que era além de ser a luz espiritual que traria conhecimento, entendimento e evolução através das forças que jorram e governam todos os seres, era ser o exemplo e a consequência daquilo que os homens desejam e praticam, seguindo apenas as suas próprias vontades, esquecendo-se daquilo que é a vontade divina para que sejam felizes e possam evoluir espiritualmente.

Mesmo sabendo que seria esta, a caminhada mais árdua e dolorosa; porque são as vontade dos homens destrutivas e ameaçadoras para todos os que juntos caminham em busca daquilo que nada trará espiritualmente em detrimento do que é a verdade; enviou Deus o seu filho único, não para inserir a doutrina a disciplina e os mandamentos espirituais, mas sim para reerguer a doutrina e a disciplina lastreados nos mandamentos espirituais divinos por meio das lições que seriam praticadas por ele, envolta naquilo que ele mesmo carregava, que eram as forças do amor e da compaixão espiritual de Deus.

E foi naquela época em que caminhavam os encarnados, bem distante dos mandamentos e das prescrições divinas, servindo mais as vontades deles mesmos, que descera a terra o filho de Deus. Não para ser o Cordeiro que os retiraria dos pecados, mas sim o homem que os mostraria os caminhos corretos, os caminhos da justiça divina.

E após a sua morte, continuou os homens a caminhar por estradas tortuosas, cheias de falsidades e idolatrias, em busca do que alimenta apenas a matéria ou os olhos carnais e nada trás de benefícios para a alma. Isso porque nem mesmo aqueles que o mataram, compreenderam de fato os motivos de vossa existência dentre eles.

Mas é o Criador bondoso, sábio e justo em demasia, pois vendo que os vossos filhos, após milhares de anos da morte de vosso filho único; ainda caminham em desequilíbrio e sem entender o verdadeiro motivo que o trouxe em terra, os entrega a chave que poderá não apenas abrir os segredos e mistérios que envolvem a sua chegada e partida como também a possibilidade de compreensão daquilo que buscam pela vontade de aprender.

Por isso, após milhares de anos de incansáveis buscas em relação aos segredos e mistérios que envolvem o homem mais puro e santificado que caminhou sobre a terra, foram os encarnados agraciados pelas forças espirituais por ordem e determinação do próprio Criador, para conhecerem a real e verdadeira história por trás da história, que envolve os motivos pelo qual Deus enviou ao mundo o seu único filho, não único espírito nascido à vossa imagem e semelhança, mas o único preparado para a mais dura e difícil missão espiritual em terra junto aos demais homens.

E através desta sagrada obra, estas buscas ficarão para trás, não pelo término das perguntas, mas sim pelas respostas que serão respondidas à todos os que têm sede de conhecer e caminhar sobre as vossas palavras desvendadas. As verdades que aqui se encontram, não irão apenas responder as incansáveis dúvidas que atravessaram os séculos, pelo esforço de todos os que caminhavam sem direção à procura da compreensão de vossos passos e motivos, mas porque trará, outras e novas perguntas para àqueles que tiverem entendimento para comer e beber das revelações que aqui se encontram.

E esta obra, Os Segredos Revelados de Jesus; que faz parte da obra A Bíblia Real; é para toda a humanidade. É a revelação espiritual mais importante, pois as palavras que aqui se encontram serão os caminhos e a luz que irão direcioná-los a uma nova era de tempo, a era de tempo das descobertas e respostas, não somente dos passos de Jesus, mas também das descobertas interiores que são além de descobertas materiais. Por isso esta obra é para a humanidade. Mais do que a história de Jesus, são os mistérios e segredos que envolvem a todos nos.

Então, bebam e alimentem-se da honra e da satisfação de conhecer Jesus de uma forma que você jamais imaginou, porque o mundo nunca antes conheceu. Saibam dos verdadeiros motivos da sua vinda a terra, a verdadeira história de Maria, a virgem que gerou o filho de Deus, como caminhou por sobre as águas, como repartiu tão poucos pães entre tantas pessoas e ainda assim alimentou mais de milhares a sua volta, de que forma exercia seus pródigos de cura, expulsão de demônios, o real e verdadeiro motivo da crucificação e o verdadeiro traidor de um jeito que ninguém contou porque ninguém em terra os conhecia.

Porém, somente com a ordem sagrada dos Espíritos é que esta verdade; após milhares de séculos de incansáveis buscas dos homens da terra; pode ser trazida. Não porque os homens a revelaram e sim porque espiritualmente se faz hora da humanidade conhecer sobre quem realmente foi o filho de Deus.

AGRADECIMENTOS

Eternamente agradecidos, continuaremos nossas incessantes caminhadas junto aos espíritos, para que possamos trazer aos nossos irmãos o alívio das dores, a busca da compreensão e o conhecimento daquilo que vos é permitido. Agradecemos a todos os ciclos espirituais que nos concederam o direito de estarmos neles, observando e conhecendo suas magias para a paz eterna.

Em especial agradecemos ao altíssimo Senhor Júlio Cesar Celestial, mentor espiritual da luz ao Altíssimo Senhor Sete Encruzilhadas, ao Caboclo Ubirajara e a todos os filhos e irmãos da comunidade Espírita de Umbanda Caboclo Ubirajara pela colaboração de cada um dentro do que lhes fora igualmente permitido.

Que o Criador lhes possa eternamente abençoar

CAPÍTULO 1
O VERBO

> No princípio era o Verbo, e o Verbo estava junto a Deus, e o Verbo era Deus. Ele estava no princípio junto a Deus. Por ele todas as coisas foram feitas, e sem ele nada do que foi feito se fez. Nele estava à vida, e a vida era a luz dos homens... E o Verbo se fez carne, e habitou entre nós, e vimos a sua gloria, como a gloria do unigênito do Pai, cheio de graça e de verdade. (João 1:1,2,3,14)

E o princípio era o Criador, porque o Criador é a fonte única de luz, poder, compaixão e bondade, do qual nada poderá ser criado ou nascido sem a vossa permissão e sem o vosso esplendor de eternitude espiritual ou pela vossa própria vontade recoberta de amor e de luz, luz que gera e dá vida a tudo ao qual possa existir por vosso derramamento. E todas as vidas são formadas através de vossa intenção e nenhuma forma de unidade espiritual de vida se formará sem essa verdade que deseja, ordena e faz ter vida por força do amor eterno, tudo aquilo que projeta e cria de maneira espiritual.

Por isso, foi o amor divino que com a força da luz composta de vossa terna e majestosa bondade, que criou o espírito daquele que assentado a vossa destra encontra-se, para ser o vosso caminho e direção a todos os que buscam a verdade. E este no dia de ser a vossa representação em terra, se fez carne, não para ser nascido da carne, mas sim para ser a representação de vossa sublime e incontestável caridade. Porque fora ele antes de ser nascido homem, nascido à imagem e semelhança de vossa magnífica glória em forma de amor, compaixão e luz para ser filho da luz à todos que da luz depositam verdade.

E assim se fazer igualmente em vida carnal, entre todas as vidas, de forma que pudessem os demais, que no mesmo elo sagrado espiritual terreno estivesse, não somente conhecessem a vossa gloria como também caminhassem com a mais sublime e elevada forma de amor refletido em vosso amado filho.

Porque fora através de vossa luz e amor em forma de compaixão que foram criados todos os filhos, mas nem todos os filhos conheciam a vossa luz e a vossa gloria, não porque são os vossos filhos impróprios ou impuros, e sim porque a vossa glória e o vosso poder de luz se alcançam pelos caminhos do cumprimento das leis e da verdade. Mas a todos fora concedido os mesmos dons, os mesmos conhecimentos, as mesmas doutrinas e disciplinas espirituais, para alcançarem a vossa luz, porém, não serão todos seguidores das mesmas trilhas espirituais que levam as vossas graças.

E foi a vossa caridade e amor em favor de todos os vossos também amados filhos, ainda que sejam os vossos filhos caminhantes de trilhas e veredas contrárias as vossas prescrições, quem ordenou e determinou que fosse o vosso filho único, nascido de vossa luz, caminhante do campo terreno, para que pudesse com todos os demais filhos comungar de vossa eterna glória, para que todos pudessem conhecê-lo, e não apenas o homem o filho único.

E assim o espírito reflexo da unidade espiritual composta de luz de caridade, de bondade, de compaixão, de amor e de justiça se fez carne e habitou no meio de todos os homens para compartilhar tudo aquilo que trazia em vossa essência, porque é a vossa essência o verdadeiro caminho de onde o Verbo se faz vida, transforma-se em outra vida e ganha forma de vida material para repartir-se com outras unidades.

Mas o Verbo é Deus, porque é o Deus a composição da robustez de forças da energia e da fluidez do manancial de luz eterna cheio de caridade, amor e bondade que formam a magnificência do brilhantismo dele mesmo, ao qual fora o Verbo feito em nova vida e nascido em carne para que a carne daqueles que, nascidos em campo terreno por meio também da carne material, pudessem conhecer não apenas o filho tornando as vossas palavras, palavras de terra e sim conhecedores do Espírito Santo fazendo as vossas palavras, palavras santificas.

Mas não era ele um filho da terra, mas sim o filho da luz, porque não fora ele nascido da carne ou pela vontade da carne de outro homem, para ser igualmente aos demais homens alimentado das forças espirituais que abastecem a vida, porque fora ele nascido do seio amado do Pai celestial, para assentar-se à destra de onde nascem todas as forças e energias que abastecem as forças que alimentam e nutrem a vida em campo material. Mas também não nasceu do sangue do homem, e sim do espírito de Deus, porque não era o sangue de outro homem que o abastecia e nutria as verdades, mas sim o verbo divino ou o amor divino do qual fora ele descido em terra para caminhar em forma de vida material. Por isso, não comungava das verdades da carne ou da força de vida que fortalecem, nutrem e abastecem o sangue daqueles que, da carne são nascidos para que sejam fortes e vigorosos em vossas unidades pelas vossas antecedências ou descendências terrenas. Porque a vossa fluidez e emanação espiritual ou força de vigor de vida embora parecesse vir do homem, era na verdade do Espírito de Deus.

Pois aquela que o gerou em matéria não o gerou em espírito, porque não era nascido da geração da carne e sim do Verbo. E embora tenha nascido da carne e do sangue, alma da vida que alimenta a carne, ainda assim, filho nascido da verdade e nutrido da plena e sublime luz celestial, para trazer ao mundo a luz de Deus e não a verdade nascida e aprendida em terra. Porque o que pertence à unidade terra, nasce da terra e morre junto a terra, mas o que pertence ao Espírito, ainda que nasça em terra, em carne material, é do Espírito, e pertence ao Criador. Por isso, ainda que feito em matéria, não era ele nascido da carne, porque não carregava ele as verdades da terra, ou seja, verdades criadas para serem nutridas e abastecidas somente em campo terreno, tampouco se alimentava da terra ou da geração do sangue que corria em vossas unidades materiais, porque carregava a verdade única, por ser o filho único da única destra de onde se encontram todas as vossas verdades, esperanças, compaixão, amor e caridade.

E ainda que se fizesse necessário, que abrigado a carne fosse, para comungar igualmente com os homens nascidos de vossos genitores não era ele nascido tão somente da carne para ser a vossa carne a matéria orgânica carregadora do Espírito de Deus, o qual era ele o servo divinal, filho único preparado para demonstrar em forma de vida material a unidade espiritual de Deus, mesmo sendo semelhante ser vivente aos demais viventes em espírito, pois a vossa constituição divina o tornava além da carne. Espírito sagrado de Deus.

Por isso, não fora nascido do sangue, porque não era ele de descendência de terra, nem comungava com as verdades materiais do mundo em que adentrara, porque não era a vossa matéria alimentada pela força de vida que compõe a força de vida material, para aqueles que caminham sobre uma missão espiritual terrena, embora enquanto esteve ele em campo terreno, dentro de uma unidade orgânica material, alimentou-se igualmente das forças espirituais naturais nascidas do chão da terra, porque são estas forças as energias jorradas dos espíritos Santificados ordenados por Deus para nutrirem a terra, cujos elementos matérias são os recebedores destas forças e energias celestiais para sustentarem de luz e energia espiritual todas as vidas, que

17

do chão brotam, se fazem alimento e caminham. E por ter sido ele uma unidade caminhante da mesma terra, recebeu igualmente as mesmas vibrações e energias celestiais que os demais homens que pela mesma unidade árida caminhavam.

Mas não fora ele, o próprio Pai celestial, e sim o filho, trazendo ao mundo a luz do Pai, luz transformada em unidade material para apresentar-se em vossa forma mais pura e sublime. Porque era ele mesmo a representação de tudo aquilo que, deseja o Criador, que os vossos filhos recebam, compartilhem e sejam, perante as vossas caminhadas ou jornadas de aprendizado e lapidação de espírito, para que possam conquistar o direito de desfrutarem do galardão de vossas promessas e assentarem-se assim com o vosso filho único diante da mesa posta, cuja mesa posta é o mais alto e sublime elo espiritual, de onde o próprio filho lhes servirá, e mais uma vez, lhes saciará das verdades que alimentarão a fome espiritual ou a vontade de caminhar frente à verdade e ao amor do próprio Verbo com aquele que por ordem de Deus foi feito homem para ser quem sacia a fome e a sede, pelos caminhos da verdade e da eternidade de vosso Pai.

Então, o espírito foi feito homem para alimentar a fome daqueles que desconheciam as próprias fomes ou as próprias vontades de crerem em suas verdades e alimentarem suas esperanças, pois está era a única forma de alcançar aos caminhos que os aliviariam as unidades em terra diante das vossas caminhadas, assim como o único caminho que os conduziriam as suas salvações espirituais após suas passagens por esta terra.

    Mas sendo ele o filho único, preparado para os desafios de terra, para ser e apresentar todas as verdades e o reino celestial do Pai eterno, não existia nenhuma verdade, nenhuma dor ou pesar que não pudesse ser suportada ou carregada, para que a vossa glória e o vosso amor, em forma de alimento da alma, fossem expostos a todos os demais filhos nascidos do mesmo seio espiritual, seio este do qual não afastou ou desviou o vosso filho, servo pronto para a batalha, de caminhar de sentir e de experimentar todas as dores e prazeres da terra, mas sim o seio que preparou, encorajou, abençoou e ordenou que fosse o reflexo do amor, da bondade e do poder de justiça, entregando-se a terra, porque ainda que não conhecessem os homens a forma mais nobre de ofertar-se como alimento para aqueles que sentem fome da verdade, conheceriam a vossa verdade através da forma de alimentarem-se e servirem-se de vossa nobreza pelo Verbo feito vida, vida que alimenta e conduz à vida eterna.

    Ora, mas como poderiam os homens, nascidos da carne, do sangue e da dor, conhecer o amor, caminhar com o amor e espalharem o amor, se acaso não soubessem o que vem a ser o amor? Pois para que conheçam o amor faz-se necessário encontrar-se igualmente com a falta de amor, a angústia, o desafeto, ódio e a dor, caso contrário, jamais poderão falar ou disseminar aquilo que será a vossa escolha por ter experimentado as duas formas de viver e de sentir o campo terreno.

Por isso, como poderiam falar sobre o amor se acaso não soubessem o que de fato é o desamor? Como poderiam os filhos de Deus, nascidos do seio da terra, onde as verdades de terra, eram as vossas únicas verdades, conhecer de fato a vossa verdade divinal, se acaso não caminhassem com o vosso filho nascido de vossa verdade? Mas para que os homens pudessem compreender que era o unigênito, o filho da verdade ou o Verbo divino, ou seja, o amor em forma de carne, deveriam eles, ainda que praticantes das verdades de terra ou de verdades encobertas de maldades e desamor, nascidas deles próprios, caminhar com o amor e a verdade em forma de homem.

Isso quer dizer, que era preciso caminhar junto com o filho de Deus, ainda que as vossas verdades fossem a verdade que tiraria a própria verdade divinal da terra por meio daquilo ao qual os abasteciam as crenças, para que fossem conhecedores do único e verdadeiro amor que, feito homem, caminharia a vossa santidade entre a carne, o sangue e o ódio dos homens. Porque somente conheceriam o amor e as verdades divinais se conhecessem a eles mesmos pelas próprias verdades terrenas que carregavam.

> *Eis aqui o meu servo a quem escolhi, meu amado em quem minha alma se agrada; porei sobre ele o meu espírito, e anunciará* aos gentios o juízo. *(Mateus 12:18)*

Mas é o servo, o filho amado, porque é o filho amado aquele que serve, aquele que se entrega, e que faz por meio da carne cumprir pela humildade e devoção e amor, tudo que a ele é determinado, pois foi ele que, após ter recebido o apreço, a determinação e a caridade, se prostrou perante as vossas ordenanças e determinações de ser, fazer e executar tudo aquilo que a ele fora confiado pela glória e pela graça do Senhor Deus. E não por ser ele leal, fiel, devoto e caminhante da verdade, mas sim por ser ele nascido da própria lealdade, fidelidade, devoção, disciplina, doutrina, correção e justiça, porque é a vossa constituição espiritual, o que o torna filho de Deus, não a evolução espiritual, porque já fora ele nascido espírito evoluído.

Por isso, é ele o Espírito que mesmo nascido homem, jamais se corromperá, se desviará ou se entregará a outra verdade, porque não era a verdade que carregava feita em terra ou criada para alimentar crenças e inverdade mundanas que conheceu, e sim daquele que derramada sobre a vossa unidade, e se fazia presente e vivo também diante de todas as obras erguidas concedendo o direito de ser ele, o homem e o Espírito santificado para ser o esteio das verdades e o caminho da eternidade em terra. E o filho único após ter sido preparado pelo próprio Criador para descer a terra e ser a vossa real imagem e semelhança igualmente, preparado para ser homem, filho de outro homem ainda que sendo filho único assentado a direita de Deus Pai recebedor da ordenação celestial de ser o filho da luz, para levar a vossa luz ao mundo.

E deu início a vossa jornada ou missão celestial, no momento da junção das energias, entre o campo terreno e o campo espiritual de onde partiu, sendo batizado ou selado sobre todas as forças do mundo, os quais foram as águas a força da terra nascida das entranhas do nada existencial do solo árido a unidade de forças divinais que selou a junção das duas vertentes, ou da vertente terrena junto a vertente espiritual, para que se cumprisse a ordenação de ser esta unidade em terra, a unidade que representando todos os demais elementos fosse a seladura matéria entre as forças celestiais e divinais, desta que seria a mais extraordinária entrega do filho nascido do Espírito Santo a terra de Deus, para o início de sua caminhada terrena espiritual em nome de vosso Pai.

E assim, iniciou-se a jornada espiritual terrena, sendo ele preparado como homem nascido da carne, e sendo também em verdade, Espírito ordenado pelo Criador para exercer as vossas determinações pelo laço espiritual e material que carregava, para que fosse naquele momento pertencente da mesma terra e das mesmas energias e emanações, como qualquer outro homem, ainda que fosse ele espírito descido do reino dos céus, se fazendo homem a apresentar, conduzir e mostrar aos outros homens todo o poder de forças que possui o Senhor Deus, quem vos criou, não diante das verdades de terra que os abastecem a carne, e sim diante das verdades espirituais da luz divina, que vos abastecem o espírito.

Mas é o Criador bondoso e amável em demasia com todos os vossos filhos, e mesmo conhecendo a verdade e a intenção de cada filho, lhes concedeu o direito de serem conhecedores daquilo que é a vossa verdade nascida em terra, mesmo que as vossas falsas verdades pudessem crer, matar a verdade feita homem através do Verbo. E ainda que os vossos espíritos estivessem cheios de intenções mundanas, e fossem as intenções mundanas danosas e más, abastecidos pelas crenças de terra, crenças estas, que não pouparam nem mesmo o filho único, de ser apartado de suas intenções. Ordenou o Criador que o vosso filho descesse ao campo terreno, não para morrer em nome de uma falsa verdade, mas para mostrar-lhes um pouco de vosso amor, ainda sabendo que a dor poderia vencer o vosso sublime amor.

E embora não soubessem que não era o homem quem carregava a verdade, e sim a verdade quem carregava o corpo do homem, que em verdade jamais morrerá ou se apagará, ainda que todos os séculos passem, porque esta eternamente viverá. Fez o homem de terra cumprir através de vosso ódio, e de vossa verdade própria, aquilo ao qual ele era em verdade. Mas como não é a inverdade verdade espiritual, e sim sentido e sentimento de terra, logo fora esta também daquele meio apagada.

Por isso, aquele que carregava somente o amor cuja matéria fora vencida em terra, porém, jamais será o espírito vencido, porque é o espírito o próprio Verbo, e é o Verbo o nome de Deus, que jamais será apagado, seja em campo terreno seja em campo celestial, é erguido para ser o servo divinal, diante de todas as labutas que a ele forem ordenadas ainda que estas lhe pareçam causar dor e sofrimento, porque assim como é a dor e o sofrimento sentido pelo sentimento carnal experimentado apenas aos homens da terra em campo terreno, é o filho de Deus, o caminho do amor, da compaixão e da caridade, que jamais um sentido e sentimento de terra o farão penar, sofrer ou findar, ainda que a terra lhe possa consumir aquilo que em verdade nunca lhe pertenceu, a carne. Porque nunca fora ele nascido da carne ou do sangue, para que a fosse em essência, por ela findada ou em algum momento, por homem de terra tocada. Porque é este o espírito, representação de Deus, que se tornou homem, diante do século de todos os séculos da eternidade do Criador, a qual a vossa santidade jamais será morta ou apagada.

CAPÍTULO 2
MARIA, A MÃE DE JESUS

> *Disse-lhe o Anjo: Maria, não temas, porque achaste graça diante de Deus. E eis que conceberá em teu ventre e darás a luz um filho, e por-lhe-ás o nome de Jesus. Este será grande, e será chamado Filho do Altíssimo; e o Senhor Deus lhe dará o trono de Davi, seu pai. Ele reinará eternamente na casa de Jacó e seu reino não terá fim... Disse então Maria: Eis aqui a serva do Senhor; cumpra-se em mim segundo a tua palavra. E o Anjo ausentou-se dela.* (Lucas 1: 30, 31, 32, 3338)

Ora, mas todos os servos de Deus, que tenham nascido em campo terreno para cumprimento de vossa missão e também à frente a uma ordem espiritual para prestarem serviço santo em nome de Deus, serão em terra os vossos servidores espirituais, atuando em vosso nome pela vossa santa e sagrada promessa divinal, promessa à qual são todos os espíritos selados e marcados no momento de vossos nascimentos, por isso, proclamados também servos divinais. E ainda que isso não lhes seja terrenamente próprio de vossos conhecimentos ou próprio de vossas descobertas materiais, porque é o trabalho sagrado em nome do Criador uma ordem divina e não terrena, que possa ser exercida sobre uma imposição, ansiedade ou regras materiais, mas sim em nome da crença e da confiança em vosso Senhor, e em vossos também servos espirituais, os vossos espíritos servidores, os quais auxiliarão e conduzirão, para que estes que escolhidos foram para os serviços espirituais possam exercê-los e concluí-los com força, garra, determinação, ânimo e dignidade.

    E era a serva, o espírito recoberto de nobreza e dignidade, que recebera, diante de vossa missão em terra, o nome de Maria, aquela que seria em campo terreno a mãe daquele que já era em campo espiritual e também seria em campo material, reconhecido como o filho único de Deus. Porque esta que fora a serva escolhida, fora escolhida pelo vosso Criador, devido a vossa elevação espiritual, que já lhe permitia ser instrumento sagrado de ordem divina, carregando as forças das forças e da luz do próprio Senhor Deus. E, por isso, fora determinada para caminhar em terra, até o dia e a hora, que estavam escritos como sendo o dia e a hora mais importante para a humanidade, assim como seria o momento mais honroso e sublime pela vossa maior e mais importante labuta, em nome de vosso Senhor, que somente através de vosso mais puro amor e de vossa dignidade, faria descer aos campos terrenos, por meio da única forma em que se pode gerar e conceber um filho em terra. A própria carne.

    Porque esta que é a única maneira que um espírito poderá adentrar de forma material a um abrigo carnal; é também a única forma determinada pelo Criador para que um espírito possa, através da consumação da carne, gerar outra carne, e sendo a determinação do Criador de que o vosso filho se tornasse carne, não haveria outra forma dessa ordenança se fazer real, a não ser pela única forma que existe em campo terreno, que é pela junção de duas vertentes materiais para formação de outra vertente igualmente material, ainda que os homens, devido a vossas épocas e instruções, desconhecessem o fato de como essa graça divinal lhes pudesse ocorrer, e por isso, crendo que não tenha sido através de vossos esforços carnais. Mas porque não possui a vertente espiritual nenhuma instância material, para que possa este se tornar carne sendo puramente espírito, a não ser que seja pela carne, conforme a ordenança de Deus, quando lhes concedeu este divino e sagrado direito.

Fato este que não permite ou capacita nenhuma vertente material ou orgânica atuar em campo celestial, sendo ela biológica, assim como não existe vertente puramente espiritual, ou seja, apenas em estado de consciência espiritual, comungando com outra carne, em campo material, como se fossem ambas unidades similares no cumprimento de missão espiritual de lapidação e evolução de espírito pela forma material, a não ser que seja este igualmente material.

Ou condenaria o Criador tudo aquilo que Ele mesmo criou e ordenou que fizesse parte do campo terreno, tirando o direito concedido por Ele mesmo, de que a mulher fosse a geratriz, pela forma que fora a mais bela e mais terna aos vossos olhos, e que devem ser utilizados pelas vossas filhas, para que possam dar a vossa luz as vidas dos vossos filhos carnais? Por isso, ainda que tenha sido para trazer na terra a vida de vosso filho amado, o qual Ele mesmo ordenou que fizesse por um tempo parte deste campo, não determinou que fosse através daquilo que não existe, ou do que não ordenou que existisse neste elo espiritual, repreendendo o que fora a vossa suprema ordenação que fizesse parte do campo terreno, de forma que possam os seres viventes procriar as vossas espécies, assim como trazer o vosso filho igualmente espécie orgânica, ao campo orgânico. Por isso, fora gerado por meio da serva escolhida de forma material e espiritual, existente neste elo espiritual e não através de uma forma inexistente, retirando aquilo que fora a própria ordem de conceber contradizendo a vossa autoridade.

Mas o Criador não retirou de vossa serva escolhida o direito de ser mulher e sentir tudo aquilo que as outras mulheres experimentariam para conceber e gerar os vossos filhos, até porque fora ela nascida para ser mulher e cumprir a vossa missão em terra da mesma forma como as outras mulheres, assim como fora o vosso filho nascido para ser homem, igualmente aos demais homens, nascidos da carne, sentindo e vivenciando todas as dores, alegrias, pesares e prazeres que a carne possui no elo terra. E por isso não lhe foi retirado nenhum direito por ser mulher, assim como não foi tirado de vosso filho, também o direito de ser homem, por ter nascido de outro homem, com sentidos e sentimentos iguais aos demais filhos, frutos da mesma terra, embora com determinação espiritual diferente.

Porque é esta terra abençoada por vossas mãos para ser terra sagrada, e assim como todas as mulheres sentem as dores de serem mulheres e serem mães, sentiu Maria todas as dores de ser mulher e ser mãe, através de todo o processo naturalmente determinado pelo Criador, que esta deveria conhecer e sentir enquanto caminhasse a vossa carne por essa sagrada terra. Por isso, igualmente, o vosso filho fora nascido por todos os meios naturais pertencentes ao campo terreno, dos quais todos os espíritos, filho Dele mesmo, devem nascer, ainda que fosse este o filho único escolhido para a missão mais árdua e dura terrenamente de forma espiritual.

Ora, mas não concede o Criador algo aos vossos filhos e em seguida se arrepende ou lhes tira o direito de usar, por isso, não tirou de vossa serva escolhida o direito de gerar naturalmente, porque se acaso desejasse que esta não fosse mulher, e não gerasse por meio da única forma que se gera um filho, não teria Ele ordenado que nascesse como mulher possuidora de um ventre para vos ser servidora ou para ser a mãe material daquele que receberia corpo igualmente material.

Por isso fora Maria, não apenas a serva espiritualmente escolhida, como a serva material, mãe e mulher escolhida para ser a geradora daquele que mudaria o mundo de forma espiritual, e não de forma material, porque o que existe em campo terreno de forma material, e que fora pelo Criador ordenado que assim seja não será nem mesmo por Ele mudado ou alterado, porque se a chegada do vosso unigênito ocorresse diferente daquilo que ele ordenou, estaria Ele mesmo atuando contra tudo aquilo que ele criou e ordenou que assim fosse. Portanto acreditar que a chegada de vosso filho Jesus, de forma naturalmente orgânica e material, através da consumação da própria carne, não é espiritualmente honrosa, pura, nobre e santificada, é o mesmo que acreditar que o Criador tenha falhado em relação a todos os outros filhos missionários, fecundados, gerados e nascidos da carne, da forma que lhes fora concedido o direito. Ou estaria o Criador errado diante daquilo que ele mesmo fez?

Por isso, nada está em desarmonia ou vai contra aquilo que fora ordenado, nem mesmo a mulher, que depois de consumada a carne, geraria o filho de Deus, em terra, porque independente da forma que utilizou para a vossa concepção, trazia Maria, em seu ventre o sagrado e escolhido filho, pela única e real e verdadeira forma de se trazer outra vida a terra. E este motivo não o desqualifica como mulher, justamente por ser a junção de duas vertentes carnais pela consumação da carne, a única forma existente em terra ordenada por Deus, para que seja um filho nascido, e este direito apenas lhe concede ser conhecedora de tudo aquilo que todos os demais homens, frutos uns dos outros, conhecem e possuem para continuarem as vossas espécies, e viverem.

Ora, mas não poderia o filho sagrado ser nascido em outra terra que não fosse também terra sagrada, assim como não poderia o filho nascido em terra sagrada de onde todos nascem através do amor carnal, ser nascido de outra forma que não através da carne, que ama, frutifica e gera outra espécie homem igual a ele mesmo por meio dos sentidos que os unem.

Por isso a única diferença entre a vossa serva escolhida para caminhar em terra e conceber no vosso ventre, era quem esta geraria, ou qual o espírito adentraria ao campo terreno através deste ventre, para igualmente alimentar-se do chão da terra, por meio de vosso amor maternal, e não a forma como o filho seria gerado, porque o que pertence a terra em nada flui ou altera em campo celestial, porém, aquele que seria gerado e igualmente nascido em terra pelo ventre escolhido é o que traria a luz do mundo e não a carne ao qual este carregava, tendo ele nascido por meio de outra carne, sendo esta em castidade ou não.

Até porque não seria a sua castidade o elo santificado que separaria a honra, a pureza, a nobreza ou a dignidade do vosso filho do mundo ao qual este adentraria. Se acaso este não a carregasse consigo, porque era a honra, a pureza, a nobreza e a dignidade pertencentes ao filho único, isso quer dizer, nascidos espiritualmente com ele e não adquiridos de vossa genitora pela dignidade e nobreza que de fato também carregava. Portanto, não seria a vossa genitora, mais ou menos honrosa em cumprir a sua missão espiritual, se possuísse ou não a pureza de terra, porque esta em nada influi na ordem divina dos caminhos da eternidade de um espírito.

Se acaso fosse, seria o mesmo que acreditar que o Criador considera todos os vossos filhos missionários de si mesmo, com menos valor espiritual, ou menos honra, ou apreço em relação ao vosso filho único, preparado e determinado para a missão espiritual de ser o carregador de vosso amor. E, por isso então, seria o mesmo que pensar que apenas este filho deveria nascer de forma contrária aquilo que é a maior forma de amor e de afeto que é a união de dois seres matérias pelo amor material que os unem. Mas como o Criador ama a todos os vossos filhos de forma igual, e deseja que todos cresçam e sejam elevados em vossas unidades, determinou o vosso unigênito filho assentado a vossa destra que ao descer ao campo material, igualmente fosse nascido em corpo de homem pela união de dois seres, para nos mostrar não somente a vossa compaixão, a vossa misericórdia, como também o vosso amor igualitário, que reserva para todos, porque somos todos igualmente filhos, caminhando as nossas jornadas, merecedores do mesmo amor e a mesma forma de amar.

Por isso, não tirou o Criador o direito de ela nascer mulher e consumar a carne para gerar o vosso amado filho, pois sagrado era o espírito e não a matéria que ambos carregavam, porque esta que nasce do pó e ao pó devera retornar independente de como fora viva em terra, o espírito a casa do Pai celestial deverá regressar. Portanto, não retirou da mulher o direito de ser mulher, porém lhe concedeu o direito de ser mulher e apreciar todas as formas e belezas do campo material, porque é esta a ordem a todos os que são filhos nascidos da terra para missão celestial, iniciar e finalizar as vossas missões, sendo espíritos alimentados e abastecidos pela terra, ainda que sejam servos de Deus cumprindo com suas obrigações espirituais, pela hora e pelo momento em que Ele mesmo ordenar que sejam as vossas horas de atuar em vosso sagrado nome.

> *E respondeu o Anjo, e disse-lhe: O Espírito Santo descerá sobre ti, e a virtude do Altíssimo te cobrirá com sua sombra; por isso também o santo, que de ti há de nascer, será chamado do Filho de Deus*
> (Lucas 1:35)

Por isso, ainda que tenha sido nascido da carne, jamais foram a vossa plenitude e nobreza espiritual tocadas, por que este que fora também filho da carne, era antes de filho de qualquer homem, filho do Espírito Santo em nobreza, pureza, castidade e dignidade espiritual. E estes jamais poderão por um homem serem tocados.

E fora, através somente do espírito que a fazia serva de Deus e da carne que a fazia mulher em campo terreno que foi nascido o espírito, para ser por meio da carne o filho único de Deus em campo material, pois esta havia sido escolhida, não pela carne, mas sim pelo espírito para ser o ventre carnal, abrigo espiritual que receberia a missão de gerar e trazer ao mundo o filho do homem, filho que carregaria em suas mãos a luz que alimentaria e nutriria todos os espíritos filhos do mesmo

Deus. E assim fora ele igualmente formado no momento em que o amor se tornou vida através da carne.

E foi este o momento espiritual mais nobre e majestoso para a mulher escolhida, para o ajuntamento de ambas vertentes sagradas em vosso também sagrado ventre, onde iria ela cumprir a sua ordenação sobre a determinação sagrada daquilo ao qual fora ela nascida para cumprir em campo terreno, onde ser a mãe não seria apenas uma missão terrena e sim o cumprimento da ordem santa, que havia sido determinada.

Porque todo espírito que possui em sua missão espiritual a ordem de atuar e exercer aquilo que deve exercer em nome do Criador, devido o seu próprio nivelamento, elevação e evolução espiritual, por ter sido preparado para servir, conforme a sua promessa e caminhada espiritual, será então no momento em que pronto estiver, convocado pelas forças espirituais para exercer o trabalho sagrado em nome do Criador, que o ordena que no momento e na hora em que estejam todos prontos para servi-lo diante daquilo que seja a vossa missão, a ele possa servir. E assim, fora a serva espiritual nascida da ordem de fazer cumprir aquilo que a ela estava determinado, que era a sagrada missão de fazer vivo ou de tornar carne aquele que era o filho de Deus em terra de homens. E assim o fez.

Porque serão todos os espíritos cumpridores de vossas próprias promessas, aqueles que já se encontram em nivelamento espiritual, em elos de evolução, preparados e prontos para atenderem a uma ordem de

Deus, pois apenas neste momento serão convocados para cumprir as determinações sagradas de serem ou de exercerem aquilo que as vossas unidades espirituais estão prontas para servir da maneira e da forma que lhes forem proclamadas à ordem suprema conforme o que foram espiritualmente consagrados.

Portanto, todos aqueles que possuem uma determinação divina e espiritual, ou todos aqueles que tenham nascido em terra com uma determinação espiritual de cumprimento de uma ordem santa, serão em vossos momentos cumpridores daquilo para o que foram nascidos, porque todas as missões serão executadas no momento em que for chagada a hora para aqueles que estão preparados para exercer o trabalho espiritual que as vossas caminhadas lhes proporcionaram estarem preparados.

E assim se fez a ordem divina sobre vossa serva, preparada para cumprir a ordenação, pois se fazia hora de chegar ao campo terreno o filho prometido de Deus, não o único filho, porque todos os homens nascidos de vosso seio são igualmente os vossos filhos, porém o filho único nascido da ordenança de ser o filho que traria ao mundo a vossa verdadeira face.

CAPÍTULO 3
O BATISMO

> *"E vos batizo com água para o arrependimento; mas aquele que vem após mim, é mais poderoso do que eu; cujas sandálias não sou digno de levar; ele vos batizará com o Espírito Santo, e com fogo"* (Mateus 3:11)

Nenhum espírito é descido ao campo terreno sem que não seja por uma ordenação sagrada, para o cumprimento de uma missão, ou de uma determinação espiritual para progresso de si mesmo, uma vez que somente os espíritos em fase espiritual de aprendizagem, conhecimento e lapidação da própria unidade é que são enviados ao campo sagrado chamado terra, para jornada espiritual de desenvolvimento de si mesmo. Por isso, todo espírito nascido em campo terreno o é por uma ordem santa e não por vontade própria ou sorte do destino, e não será ele também por sorte caminhante da terra, mas sim para cumprimento daquilo que lhe fora ordenado.

Mas todos os espíritos quando nascidos em campo celestial, de onde são em verdade, surgidos e originados, são todos proclamados e selados em vossas unidades reais de existência, ou seja, antes de serem direcionados para as vossas verdadeiras e únicas moradas que são as casas celestiais de onde serão preparados espiritualmente para o caminho da eternidade, são todos nomeados e em seguida anunciados, para que pertençam àquela unidade específica de força de emanação e fluidez espiritual de amor, compaixão e caridade divina. E é o momento da seladura de onde pertencerá esta unidade espiritual o batismo divinal pela força da unidade de onde serão pertencentes depois de vossos nascimentos e para onde deverão todos regressar após partirem em caminhadas espirituais pela busca da elevação e evolução.

Isso quer dizer, que serão todos selados pelo selo espiritual de onde suas unidades eternamente serão recebedoras da força e da luz do Criador, e será eternamente a força daquela unidade espiritual que também os conduzirá espiritualmente por todos os caminhos vibrando energia pela própria luz que a compõe, que além de fazê-los vivos espiritualmente onde quer que estejam ainda os abastece das energias e do poder daquela unidade sagrada, de onde fora a vossa existência alocada, e por isso selada ou batizada.

Pois é o batismo a força que carrega a energia e a fluidez divinal de onde espiritualmente os espíritos nasceram. E assim, somente poderá ser batizado em campo terreno pelas águas que cobrem a terra e se fazem igualmente vivas em unidade terrena sagrada aquele que renascer e se fizer vivo pela matéria carnal, por ser em verdade vivo em campo celestial, porque somente poderá ser batizado em campo terreno aquele que em campo celestial já o for ou pertencer a uma unidade ou fazer parte real de algo.

Então para que possa este ser adentrado ás águas, e ser apresentado também à força da unidade terra, se faz necessário que em terra também esteja vivo e em espírito seja selado ou que a terra pertença, assim como ao campo espiritual faz parte.

Por isso, todos os espíritos, quando saem de vossas casas celestiais para adentrarem ao elo espiritual terreno, para exercerem as suas lições espirituais ou as suas missões, são todos pertencentes a uma unidade espiritual santa, bem como portadores de uma própria nomenclatura divinal, que os distinguem e os agrupam espiritualmente, as casas de onde em verdade fazem parte ou de onde foram batizados. Isso quer dizer que todos os espíritos nascidos, selados e prometidos em campo celestial, ao saírem de vossas casas celestes para experimentarem o campo terreno na execução de uma missão espiritual, não somente pertencem a uma unidade sagrada como também são portadores de uma própria nomenclatura divinal, que receberam no momento de vossas proclamações ou de vossos batismos.

Porém, todos os espíritos em campo sagrado terreno são selados em campo espiritual dentro da unidade sagrada o qual se encontram através da força da energia de onde estão alocados, porque é o batismo terreno a apresentação da unidade espiritual encarnada à terra dos homens ou a terra do qual irá material e espiritual-

39

mente permanecer, até que sejam os vossos retornos ao término de vossas labutas e caminhadas findadas.

    Porque a unidade espiritual que o abrigará é além de terra igualmente santa prostrada ao Criador é elemento carregado de forças nascidas da luz celestial do Espírito Santo, porque este que faz nascer à vida terrena por meio de vossa sagrada luz, o faz através de vosso próprio derramamento por sobre os quatro elementos que se encontram e abastecem a terra e estes alimentam em força de luz todos os seres que desta luz necessitam para sobreviver, porque são estas as energias jorradas sobre todos os elementos espirituais concedidos por Deus que existem em terra para alimentar todos os espíritos que nela irão através da carne nascer.

    Mas não é a carne que receberá o batismo terreno e sim a unidade espiritual abriga aquela matéria, porque é o batismo terreno assim como o batismo celestial a abertura da seladura proclamada no momento do nascimento espiritual para consagração de uma nova aliança espiritual entre as duas forças regidas pelo Criador no mesmo momento em que ambas se encontram, porque são as duas forças as energias compostas de luz que representam o céu e a terra, as forças que irão se juntar para novamente selar as forças que compõe aquela unidade espiritual, o encarnado.

    Porém, esta que é uma nova força criada não apenas por meio de vossos plenos desejos ou desejo daqueles que os conduzem em terra pela vontade de união destas forças e sim pelo pleno momento espiritual, no qual se encontram, porque somente aqueles espíritos que preparados estão, independente do tempo de caminhada de terra, o qual apresentarem-se para serem batizados, é que serão junto aos espíritos que vos selaram no instante de vossos nascimentos, abrir novamente a tranca de vossas seladuras espirituais, e unir as duas vertentes sagradas pelo laço espiritual que as fortalecem e glorificam, tornando esses selos ainda mais fortes e abençoadas, para que possam cumprir com as vossas jornadas espirituais.

Não que sejam os espíritos encarnados, que ainda não foram batizados, desprotegidos espiritualmente, até que sejam em terra batizados, porque todos são selados e pertencentes a uma unidade espiritual, que os abastecem em poderes e forças celestiais, porém, é o batismo a consagração ou a seladura terrena, unindo o selo espiritual ao selo terreno, criando através desta junção uma nova e espiritual força, que aquele espírito que é batizado em terra carregará dentro de si. Portanto, não que já não carregue uma determinada força e seladura própria dentro de si.

E esta que será a hora mais sublime, onde a força do elo celestial ou da casa divinal, de onde partiu este espírito, se encontrará com as forças da unidade terra, através do poder das águas, de onde as vossas forças e energias agora se encontram, para que possa ocorrer à junção das energias das forças destas duas unidades sagradas espirituais, que será para o ser espírito, como o momento da proclamação de onde fora selado, mas não

41

pelo nascimento, porque este é único, e sim pelo renascimento em forças e novas energias, da qual serão formadas pelas forças destas duas unidades espirituais, ou seja, a unidade de onde partiu junto a unidade de onde se encontra, gerando assim uma nova e sublime energia para aquele que é novamente selado ou em campo terreno é batizado.

Porque é esta junção de energias o acumulo de forças de fluidez santa de forma que estas forças abasteçam de energias nobres e puras aquele que recebe neste momento as energias do campo de onde partiu para que possa renascer sobre o selo que possui, e assim seguir mais fortemente em campo material em busca de vossas promessas.

Mas era João Batista, aquele que batizava com águas unindo as forças espirituais, e não aquele que batizava com o Espírito Santo, trazendo o que de mais nobre e elevado existe acima do firmamento, para selar junto à carne aquilo do qual nem ele mesmo possuía, porque ainda que tivesse ele autoridade espiritual de atuar com as forças celestiais e fazer os homens renascerem através da seladura de vossas casas celestiais, com a força da unidade terra onde estavam, não era ele nascido de diante da destra do Criador, tampouco aqueles que ele mesmo batizava nascidos, para que pudessem selar ou serem selados através do Espírito Santo, ou seja, para que pudessem, por meio dos espíritos, abrir e fechar um selo espiritual com as próprias forças e energias do Criador.

E sabia ele que haveria de chegar o dia em que o filho de Deus haveria de descer a terra para ser batizado com o Espírito e não como fazia, somente pelas águas. Embora não soubesse ele que o filho único, seria igualmente aos demais homens por vossas mãos também batizado, porque desconhecia João Batista, o fato de que era ele o espírito escolhido para conduzir de forma material aquele que acreditava não ser digno de desatar as sandálias para selar-lhe terrenamente em batismo através das forças espirituais nascidas do próprio Deus. Mas havia sido o próprio Criador quem lhe concedera a honra e o direito de lhe ser o servo espiritual preparado para o vosso maior momento em terra atuando por vosso sagrado nome.

"*E vi o Espírito como pomba descendo do céu e repousando sobre ele. E eu não o conhecia, mas o que me mandou a batizar com água, esse me disse: sobre aquele que vires descer o Espírito, e repousar sobre ele, esse é o que batiza com o Espírito Santo. E eu o vi, e testifico que este é o Filho de Deus*" (João 1: 32-34)

E assim o fez diante da determinação do próprio filho de Deus, no momento em que fora por ele convocado para batizá-lo, porque aquele que era o único servo espiritual em terra preparado para lhe conduzir em águas serenas era também o único que possuía ordem celestial de lhe cobrir a cabeça com águas.

Desta forma se cumpriu a ordem de vosso Pai, de que fosse através daquele servo determinado o ato espiritual para o momento sacro de abertura e fechamento de seladura divinal em cumprimento da missão de ambos os espíritos. E este que fora o escolhido para o momento mais sublime espiritual em terra, que foi ocorrido no dia e na hora em que as águas, após tocarem a cabeça do filho único, fizeram abrir os céus e jorrar força e luz celeste em forma de vibração espiritual energética no instante em que as forças da terra se encontraram com as forças dos reinos dos céus de onde partiu, fazendo ambas unidades de forças se cruzarem e raiarem o brilhantismo das forças divinais que as compõe, abrindo assim a seladura da matriz espiritual do Filho único, para receber a glória da luz espiritual do Pai, foi o momento de maior gloria e contentamento ao servo escolhido, que diante de vossa maior e mais esplendorosa missão curvou-se ao Mestre, lhe entregando a sua própria vida. E estando satisfeito com o cumprimento de sua missão, acreditou estar pronto para findar-se em unidade e admirar o filho de Deus erguer-se sobre a terra.

Mas a luz que descia em forma de raios celestiais eram as próprias energias que ele mesmo carregava, uma vez que fora ele selado no dia de vosso nascimento, não por um elo espiritual de desenvolvimento ou evolução, mas sim porque fora ele nascido diante da destra do Criador, assentado nobremente frente ao trono que jorra luz e energia celestial que nutre e abastece todos os campos e unidades celestiais. E a força de energia e luz que descia era a força da emanação do único e esplendoroso manancial de forças celestiais, sendo por ele, o único espírito preparado e determinado para carregá-la onde quer que a vossa ordenação lhe seja ordenada, manipulada para que fosse a vossa gloria firmada sobre as forças e energias da terra de forma que o fizesse levantar-se em nome de vosso Pai.

Então, após as águas lhe tocarem a carne, os céus se abriram e a glória de Deus, em forma de pomba, ou seja, através do animal representação da pureza da candura, da nobreza, da inocência e da castidade, aos quais todos os animais possuem, desceu ao vosso encontro fundindo-se com as forças que carregava, porque eram as forças das fontes de energia do manancial de poder e de luz do Senhor Deus, lhe concedendo glória e luz para que pudesse não apenas ser selado em campo celestial, como também em campo material, com as mesmas energias, agora fundidas, entre os céus e a terra através das forças que ele mesmo carrega junto as forças dos quais são as águas a representação das energias santificadas de Deus em terra, a seladura entre os céus e a terra no instante em que as águas tocaram vossa cabeça ou a unidade celestial. Por isso recebeu ele naquele momento, o manancial de forças e de luz, igualmente ao manancial de força e de luz do qual é ele mesmo o espelho regente celestial de todas elas.

Porque fora o batismo a junção de todas as forças que possuía, desde o momento de vosso nascimento espiritual com as forças que o faziam ser nascido da terra

45

e abastecido pela terra, fundindo assim, as duas vertentes em uma única vertente espiritual, para que pudesse carregar em terra tudo àquilo que já possuía em campo celestial pela ordenança de vosso Pai, que o ordenava a descer ao campo terreno e carregar tudo o que com ele é nascido e lhe pertence para labutar com as vossas próprias forças espirituais, que são nascidas de Deus.

Isso quer dizer que é o batismo de terra é a união de forças das duas vertentes espirituais gerando através desta fundição de forças, maior o poder e emanação e luz para aquele que em campo terra se encontra pelo momento e pela hora que a ele, espiritualmente, estiver determinada, uma vez que todos já estão divinamente protegidos por vossos pais e mães espirituais de onde as vossas unidades são seladas.

Porém, sendo o Mestre guiado, não pelos elos de desenvolvimento ou evolução, e sim pelo manancial de forças do Criador, fora ele renascido em poderes e forças celestiais do Pai eterno, e de tão grandiosas e poderosas são estas forças, após o contato com as águas que batizam, abriram os céus e fez a glória de Deus viva em campo material através de vosso filho único pela vossa consagração.

Por isso, a união destas duas vertentes de poderes e forças, onde a vertente celestial é aquela que todo espírito carrega dentro de sua matriz espiritual pelo proclame de vosso nome espiritual no momento de sua seladura e a vertente terrena que é a força das águas ou do elemento espiritualmente abastecido de energia e luz espiritual do Senhor Deus ou a unidade espiritual nascida das entranhas do solo do elemento árido, fora ao Espírito Santo também prostrada no momento de vossa seladura para ser entregues a vossa santidade pela união das duas energias capazes de fortalecer e frutificar pela força da nova unidade, que forma pela energia quando ambas se encontram.

Isso quer dizer que batizar não é entrega-se ao Criador estando ainda em terra, porque todos os espíritos já pertencem a vossa santidade, ainda que de maneira terrena, e não outra vez espiritualmente, mas selado através do campo material de onde irão cumprir as vossas missões.

E as águas que lavam as cabeças e purificam a matéria não apenas juntam as duas unidades como também são as águas que correm das fontes de vida terrena purificando as energias daquele que adentra a fonte natural de vida para ganhar energias novas e renovadas, pois é o mergulhar na fonte espiritual de jorramento divino em terra é a unção material através de ambas vertentes sagradas, porque sendo as águas a fonte de energia mais pura e santificada nascida do chão ou das entranhas do elemento árido de onde este ser espiritual irá caminhar até o seu regresso, é água a única força capaz de unir e selar as energias pela santificada força do Criador, que as conduzem e os deixam viverem com as próprias energias e forças de vossa luz e compaixão.

Portanto, batizar é unir ou apresentar o novo ser ao campo que irá ele mesmo pertencer ou que jamais poderá ele, enquanto a este campo pertencer, viver ou

47

caminhar, sem que seja através das forças da natureza do qual é a água um dos alimentos que nutrem a vida e alimenta a terra, terra de onde a junção de todos os elementos se faz por meio da força da vida, que move todas as vidas espirituais. Portanto, é a água não apenas a força que purifica e limpa a unidade material do ser que terrenamente será batizado ou cingido pelas duas vertentes, e sim a força da junção dos elementos, que formam a maior força espiritual em campo terreno, que não se pode viver sem que seja através delas.

    Porque são as águas o alimento instintivo da alma, assim como alimento natural da força de vida através do ar e da terra que derivam de certa quantidade de água para produzir todos os alimentos nascidos em solo orgânico e alimentar todas as vidas espirituais, uma vez que nenhum ser material poderá ser vivo ou sobreviver sem que este seja o alimento da carne. Por isso, o mesmo elemento que caminha e se envolve com os demais elementos para formar através da comunhão a força de vida que faz girar a terra por meio de todos os elementos é também elemento sagrado que faz abrir e fechar as portas secretas que selam e que escondem através do véu da morte todas as forças e poderes divinais que concedem vida e morte a todos os seres espirituais

    E além de não existir vida sem a extrema e única força capaz de se unir com todas as outras formas de vida e se fazer viva e alimento vivo para o corpo e para o espírito, é o liquido que nasce da terra a semente que brota da intenção do Criador pelo poder espiritual que faz nascer e abençoa todas as vidas, por isso, o único que poderá tocar o corpo no momento da intenção de comunhão entre o céu e a terra e selar a nova seladura espiritual de cada ser.

Logo, batizar com as águas que correm é adentrar a unidade espiritual através da força da vida material que anda por si mesma e rompe com os espaços e as fontes espirituais formadas de magias e de mistérios formando novos laços entre as duas vertentes santificadas, pela dualidade de função, diante da tarefa de ser vida e fonte de via material e espiritual de todos os seres.

Por isso, a única unidade de forças espirituais em terra que contém conhecimento, sabedoria e direitos de ser material e espiritual, pois é a única que possui a força que irá se dividir e compartilhar sua própria energia a todos os outros elementos que irão conceder igualmente as suas forças para gerarem as sementes, e sendo o liquido caminhantes em todos os cantos por meio de todos os elementos é o púnico que conhece todas as sementes antes mesmo que elas sejam plantadas, regadas e geradas, desta forma, a vossa unidade caminhante contém armazenadas, todas as vidas antes mesmo de serem vidas materiais.

E conhecia as águas andantes a unidade espiritual do filho de Deus, pois estas, o conhecia antes mesmo deste descer em terra, e diante do ato espiritual de abertura de selo divinal para seladura de laço terreno em forma de batismo adentrou a vossa unidade descobrindo o véu espiritual que o tornava secreto em terra

49

o fazendo erguido sobre as forças das forças que o selavam e o tornava espírito fonte de vida e de luz diante de toda a terra.

CAPÍTULO 4
SOBRE AS MESMAS LEIS DE DEUS

> *Não cuideis que vim destruir a lei ou os profetas; não vim abolir, mas cumprir.*
> (Mateus 5:17)

Ora, mas todos os povos e habitantes, de todos os cantos, conheciam as leis celestiais de Deus, as quais não foram trazidas pelos homens, mas através daquele único espírito que estava preparado e, por isso, fora ordenado a andar sobre o solo sagrado e quente do deserto e endireitar aqueles que caminhavam sobre as veredas mundanas das crenças de deuses de madeira, revestidos de idolatria de prata e de ouro, porém, de nada espiritual. Por isso, à lei divina que não fora inserida por mãos de homens, e sim pelo próprio Criador, conduzindo o vosso filho, Moisés, instrumento divino em campo material, trouxe e inseriu em terra as vossas leis, assim como os sagrados mandamentos, por meio dos ritos e atos espirituais, ao longo dos caminhos que caminhou junto ao povo da promessa pela mais árdua e dolorosa caminhada santa, em nome das palavras da verdade.

Desta forma, esta que não fora trazida pelos povos e que também não fora trazida por vosso filho único Jesus, também não fora por ele alterada ou modificada.

Porque este que não veio para a missão de aplicar a doutrina, também não veio para desfazê-las, modificá-las ou renegá-las. Por isso, as leis santas e sagradas, jamais foram tocadas pelo Mestre, porque fora ele igualmente descido a terra por ordem e determinação do Senhor Deus, para lutar em favor de vossas verdades e leis, leis estas que haviam sido trazidas anteriormente a sua chegada para serem perpetuadas entre os homens. Portanto, não era o unigênito contra tudo aquilo que vosso Pai determinou que assim fosse e o vosso filho Moisés, assim o fez e assim pregou.

Porém, devido à longa distancia que já separava a verdade espiritual da inverdade que faziam os homens se esquecer das leis e dos mandamentos, firmados através do pacto da aliança entre os céus e a terra, assim como as profecias sagradas. Caminhavam os homens por caminhos tortuosos bem distantes das ordenanças divinas de vossa unidade celestial, corrompendo-se e entregando-se em favor dos sentidos e ordens terrenas, se glorificando por possuírem bens e poderes de terra, esquecendo-se que a verdadeira glória e majestade encontram-se na casa da verdade pelos caminhos da verdade e não na casa dos reis materiais ou poderosos homens de terra, feitos das forças e das glórias mundanas.

Então, determinou novamente o Criador que, em campo material, caminhasse outro servo divinal, carregando não outra lei, mas sim a verdade sobre as verdades celestiais e o nome verdadeiro de Deus, que os conduz pelos caminhos da mesma e da única lei, são as leis de Deus aos filhos da terra.

E este que desceria ao campo terreno, carregado de dons, majestades e glórias verdadeiras, não era vosso servo aprendiz, de nome Moisés, não que não pudesse ser o servo, aprendiz de vossa sagrada e majestosa luz, impróprio ou incapaz de exercer em vosso nome ou de novamente representá-lo como instrumento, porque fora ele, e ainda é, o espírito que recebera o nome de Moisés, o aprendiz da perfeição divina, por ser altíssimo espírito assentado ao vosso apropriado também trono, diante dos templos de brilhantismo azul, templo celestial de onde encontram-se todas as unidades de forças jorrando força e luz por sobre a terra por ordem do Senhor.

Mas ordenara o Criador que, naquele momento, por aquela época, a vossa glória e a vossa plenitude, que não seriam novamente introduzidas, mas sim renovadas, por isso mesmo, não mais pela doutrina das leis, cujos ritos são os caminhos, porque estas, que já haviam sido introduzidas e perpetuadas, não mais necessitavam ser ensinadas. Mas estas, que todos conheciam, seriam agora renovadas e reapresentadas a toda a humanidade, conforme devem ser seguidas e praticadas. Isso quer dizer, praticadas através da força do amor, da caridade, da compaixão e da misericórdia bondosa divina, que carregava o vosso filho único escolhido, para a determinação de ser e trazer a força da caridade, pelo cumprimento das leis divinais do vosso Pai celestial. Não para vos apresentarem as leis, porque estas já haviam sido inseridas por vosso irmão, em meio ao calor do deserto, mas sim para vos apresentarem o reino celestial do Pai, que somente através do cumprimento das leis, juntamente com a misericórdia, o amor, a caridade e a bondade se pode em verdade alcançar.

Por isso, no momento e na hora em que se fazia propicia a chegada, não da verdade espiritual do Criador ou de vossos mandamentos, mas daquilo que já estava esquecido dentre os povos, que era a união de todos os dons ou de todas as forças de todos os homens, cumprindo os mandamentos sagrados para alcance, não somente das terras da promessa, que pudessem jorrar lei e mel, ou seja, para uma vida de felicidade e contentamento em terra, mas sim o conhecimento do que viria a ser a promessa de cada um, a felicidade e o contentamento de cada um em terra até que cheguem ao reino celestial.

Portanto, fora a chegada do Mestre Jesus, a chegada daquele que traria não um novo ensinamento, e sim o ensinamento em relação ao repouso bendito, o qual era o repouso bendito o reino celestial do Criador, o vosso Pai, que somente poderá ser alcançado pela honra e dignidade de cada um, porque, ainda que fossem capazes de cumprir os vossos mandamentos em terra de homens, e não soubessem o que estes lhes traziam em verdade, além das verdades de terra, seriam os mandamentos com o tempo esquecidos ou não mais praticados, assim como já estavam sendo.

Pois, após séculos da passagem de Moisés, o servidor apostolar, que havia diante da ordenação do Senhor, aberto os caminhos santificados espirituais através dos ritos, atos sacros e sacramentados celestialmente para a glória e exaltação da verdade e majestade do Criador, para que vossos filhos pudessem, a partir do cumprimento de vossas leis, serem felizes, amáveis e caminhantes da verdade, porém, após anos e anos e nascimento de novas gerações, e a inserção de regras e ordenações terrenas sobre a única e verdadeira doutrina, diante daquilo que fora a ordenação celestial, devido a vontade do homem de terra se faz pactuada uma nova ordenação, tornando assim as únicas e verdadeiras leis de Deus perdidas ou esquecidas dentre as nações, ou tornando passadas as coisas ou atos sagrados, por não praticarem aquilo que fora a ordem de perpetuação pela vontade do Pai celestial. E com isso praticando aquilo que era a vontade dos homens de terra alterando, trocando e modificando a vontade de Deus, o Criador.

Então ordenou o Senhor que não mais seriam as vossas doutrinas misturadas às doutrinas de terra, o caminho que caminhariam os vossos filhos, porque estas que os entronavam em terra os destronavam mais distante de vossa graça e vossa luz. Por isso, ordenou que a vossa glória, junto a vossa mais sublime e caridosa compaixão em forma de amor, adentrasse novamente aos campos terrenos em estrutura de homem, porque já se fazia hora do resgate, do entendimento que pregou e ensinou o vosso filho Moisés, há muitos anos antes deste, que também caminhara e carregara a verdade em forma de amor. Porém, esta nova caminhada em nome do Criador não mais seria em forma de doutrina, para o alcance das promessas de cada um, mas pela prática que o Senhor lhes prescreveu e ordenou que assim fizessem em vosso nome, para o alcance não somente de vossas promessas de terra, como também de vossas promessas espirituais, pelo conhecimento dos reinos da salvação.

Por isso, era o vosso filho unigênito a representação das unidades espirituais das fontes de luz do Criador, em forma de amor, compaixão, caridade, bondade e dons, divinais, porque este que não havia nascido, nem do sangue e nem da carne, mas da força da luz do Criador, para que assentado a vossa destra possa reger as sete fontes de energia e de luz divinais por sobre a terra, aos quais são as fontes de energia e de luz, as sete fontes espirituais que conduzem o campo terreno pela força do amor da frutificação, da autocorreção, da disciplina, da ciência, da doutrina e da justiça, através da condução ou do derramamento espiritual dos Santos porque são os Santos as fontes de energias robustas e naturais que jorram as vossas próprias energias descarregando sobre cada elemento as suas distintas forças pelos seus próprios dinamismos governados pelo Espírito do filho único o Mestre Jesus.

Porque são estas sete unidades de magias e de mistérios, nomeadas de Santos, as sete fontes de luz divinais voltadas para o campo terreno carregando as essências espirituais surgidas da vontade de Deus para serem o caminho da entrega divinal e espiritual que transporta energia pura e límpida ao campo espiritual terreno para que este se faça vivo através da luz celestial pela vontade do Criador.

E a arca que outrora fora erguida em terra por Moisés, ao qual fora a arca a caixa cofre material representação da unidade de forças divinais de onde partem estas sete fontes de luz governadas pelo Mestre Jesus, unidade espiritual sagrada chamada de templos azuis, construída por orientação do próprio Criador para carregar e transportar as sete forças e energias celestiais puras e sublimes, porque não teria ele condição de cumprir a sua missão, a não ser através da construção desta, que era a sua própria seladura envolta pelos mistérios sagrados dos Espíritos que com ele caminhava e do mundo; para lhe servir de fonte espiritual de luz em terra, porque era este o elo espiritual entre o céu e a terra que lhe protegia e fortalecia não de forma material e sim através da capacidade das forças espirituais que o guiava.

Por isso, eram as luzes que brilhavam, de dentro e de fora da arca, a energia do elo sacrossanto divino, que lhe cobria das mais límpidas e puras energias, vindas das sete fontes de energias celestiais, tornando-lhe não somente forte como também feito em terra de tudo o que celestialmente fornece vigor, garra e determinação aos campos terrenos. Mas, sendo ele mesmo portador da arca da luz celeste, era também portador das sete fontes de energias celestiais de Deus, lhes cobrindo de tudo o que era mais puro, sagrado e santo celestialmente em terra de homens, para lhe fazer forte capacitado em dons e em energia celestial para cumprimento da jornada sagrada para o qual fora ele o escolhido.

Mas diferentemente de Moisés, era Jesus, o filho unigênito que fora igualmente descido em terra de homens, para erguer a glória de Deus, regido não pelas fontes de energias e de luz, mas sim pela própria fonte celestial dos templos azuis do qual é ele governante, por isso, não através de sete unidades de forças para lhe fazer protegido e grande em terra e sim guiando e carregando estas fontes de energia, pois são as fontes que a destra do Criador também se encontra. Portanto, não lhe fora necessário a construção de nenhuma forma de arca ou fortaleza uma vez que é ele mesmo o regente das forças que nutrem a terra pelas energias da fortaleza sagrada que abençoa os homens pela vontade de Deus.

E ainda que fosse preciso caminhar em terra em forma de homem para cumprimento da ordenação de vosso Pai de levar a luz ao mundo, luz que o torna único, era ele, a própria luz celestial em forma de homem a comungar com os demais homens os ensinando pelos caminhos divinais e espirituais. Isso porque era ele feito das mesmas energias e caminhante das mesmas forças e luz que ele representara em terra, por isso, não precisava erguer em campo material aquilo que ele mesmo regente em unidade espiritual, uma vez que já trazia consigo a luz do mundo.

Logo, não necessitava Jesus erguer uma nova arca ou cofre para carregar as energias santas e sagradas para vos guiar, pois não precisava levantar aquilo que ele mesmo representa e rege. Por isso, a vossa descida fora lastreada sobre a força das sete forças de luz, fazendo ligadura dentre os céus e a terra, sem que isso lhe fosse necessário construir, pois são as sete fontes de luz celestial parte de vossa própria constituição espiritual, uma vez que é ele assentado à destra de Deus, ou de onde são as sete energias, das sete fontes derramadas por sobre a terra.

Porque ele que não era apenas homem, mas Espírito à destra do Criador, ordenado a trazer a luz celeste das fontes de energia e luz divinal ao mundo, também não pertencia a este mundo, assim como aquilo que carregava, e não porque fora nascido para não pertencer ao mundo, mas porque fora nascido para ser Espírito altivo entronado à direta do vosso Pai regendo as forças da luz. E sendo ele espírito caminhante diante das sete fontes de energia e de luz, era ele mesmo a própria fonte de luz e de amor, que o vosso irmão, o servo aprendiz da perfeição, erguera para caminhar com a glória e a luz de Deus sobre esta unidade espiritual.

Portanto, para que fizesse as vossas obras em campo terreno, não necessitou construir nenhuma seladura entre os céus e a terra carregada de energias e de luz celestiais, porque era ele próprio a ligadura entre os céus e a terra, que transportava as fontes de energias puras e altivas junto a vossa própria unidade divinal.

E carregando as mais puras, sublimes e celestes luzes por si mesmo, luzes estas que não poderia caminhar Moisés sem as energias que são transportadas de

59

um campo para o outro uma vez que não nascera sobre a mesma ordenação de comandar as fontes de luz, erguera estas forças através do ajuntamento de todas as energias em um único ponto de luz chamado arca da aliança, aliança entre o céu e a terra da qual se faz antes mesmo de ser aliança espiritual material dentre as fontes de energia de luz celestes. E era esta a aliança que unia todos os homens a todas as forças seladas pela seladura divinal, a fortaleza que o protegia para que andasse pelas veredas santificadas pelo Espírito Santo e não sobre as verdades de homens, do qual fora ele igualmente representante da luz de Deus em terra ou o instrumento divino que carregava a luz que iluminou o mundo em sua arca.

Mas não utilizou Jesus de arca ou qualquer outra forma de ajuntamento de energia celestial, pois era ele à própria luz do mundo, portador de todas as fontes de luz e de energia divinal. E que, por isso, não fora ordenado descer a terra para desfazer aquilo que o vosso Criador o havia ordenado, mas sim caminhar diante das mesmas leis e mandamentos sendo o guiador espiritual em forma de homem, para conduzir todos os homens por meio de tudo daquilo que carrega para que todos possam alcançar as suas próprias promessas, ainda que sejam as promessas divinas promessas antes de qualquer força ou desejo material, promessas espirituais.

"E, assim como Moisés levantou a serpente no deserto, assim importa que o Filho do homem seja levantado; para que todo

aquele que nele crê não pereça, mas tenha vida eterna. Porque Deus amou seu Filho unigênito, para que todo aquele que nele crê não pereça, mas tenha vida eterna. Porque não mandou Deus seu filho ao mundo para que condenasse o mundo; mas para que o mundo fosse por ele salvo. Quem crê nele não será condenado; mas quem não crê já está condenado, porquanto não crê no nome do unigênito Filho de Deus. A condenação é esta: que a luz veio ao mundo e os homens amaram mais as trevas do que a luz, porque as suas obras eram más" (João 3: 14, 16-19)

Ora, mas não era a lei que Jesus praticava uma nova lei para um novo mandamento ou um novo mundo, porque este que desceu a mesma terra para cumprir a ordem divina nenhuma nova lei apresentou, porque ainda é a lei de Deus, a mesma lei que foi trazida por Moisés e que perpetuamente será a lei do Criador para os vossos filhos de terra até que seja pela vontade de Dele novos ensinamentos trazidos.

E naquele que era o tempo em que se fazia hora de vosso filho único, preparado para a missão única de lhes apresentar os reinos dos céus, desceu o espírito Filho erguido sobre todas as coisas terenas, assim como fora erguida a serpente diante de todos os olhos no meio do deserto. Por isso, este que fora erguido não da terra, mas sim de Deus, andou sobre as mesmas leis e mandamentos divinais, uma vez que se fazia tempo de serem conhecidos os caminhos das casas celestiais, os reinos do Senhor e a justiça divina do Criador, e não as leis, porque estas já haviam sido trazidas. Portanto, este que era o tempo de cumprir as ordens e prescrições espirituais da maneira que determinava o Criador, para que alcançasse cada um a sua promessa, promessa esta, pelos caminhos que outrora foram ensinados e pregados por Moisés em solo árido, e que após a chegada do salvador, o Filho de Deus, lhes seriam ensinados e pregados os galardões de vossas escolhas e vossas obras, pelos caminhos das vossas jornadas, lhes mostrando que além das promessas materiais de alcance da terra, existia ainda uma nova e sublime casa, a qual poderiam todos serem recebedores das chaves, bastando conhecer o vosso Senhor e as vossas vontades.

Desta forma, não mais se fazia necessário adentrar vosso servo instrumento divino, conduzindo os homens pelo solo árido da dor para o caminho da união de todos os dons, ciências e conhecimentos, para que unidos pudessem ser capazes de compreenderem-se, fortes e determinados, pela junção das forças que cada um possui, porque esta é a única forma de caminhar os caminhos da esperança e das promessas divinais. E não se fazendo necessário o ensinamento dos caminhos dos mandamentos, e sim os caminhos da paz pelo cumprimento dos mandamentos, adentrou a terra aquele que carregava a paz pela própria perfeição divina em forma de homem, com a junção de todas as forças, todos os dons, todas as ciências, sabedorias, esperanças e determinação necessária para que todos os que o compreendessem pudessem igualmente caminhar os caminhos bons e assim conquistarem as vossas promessas terrenas e espirituais. Mas as não somente por conhecer os mandamentos e as leis sagradas, e sim pela prática da mesma caridade, da mesma compaixão, da mesma bondade do mesmo amor e da mesma justiça divinal, que apresentava através da luz espiritual pela compreensão dele mesmo. Porque era ele mesmo, a representação não apenas da compaixão, da bondade, do amor, da caridade e da justiça divinal, como também da paz celestial da salvação eterna e da eternidade em forma de homem.

E, por isso, apresentou o filho unigênito, nascido diante das fontes supremas de luz divina, não as leis, mas a forma do cumprimento das leis e o poder divino do Pai celestial sobre todas as coisas, uma vez que não desceu ele na terra para vos ensinar as mesmas ordens, e sim vos mostrar os caminhos para a prática fiel destas leis através da demonstração por meio da natureza intuitiva e perceptiva que cada um carrega bem como da capacidade de compreender-se igual frente ao igual homem que embora diferente em unidade espiritual, era igualmente homem dotado de sentidos e sentimentos materiais, porém sentidos e sentimentos diferentes em relação às práticas e ações que exerciam em nome de suas certezas e crenças. Porque eram as suas certezas as certezas de terra abastecidas das vontades de manter a ordem através da desordem e da desgraça nascidas da natureza carnal que os colocavam frente a frente com suas vontades e em relação as suas próprias naturezas idólatras e insensíveis em detrimento da prática do que é bom.

63

Para isso, veio comungar a vossa extrema força e a vossa sublime luz diante dos homens nascidos do sangue deles mesmos, para que não morram pelas suas próprias verdades, mas tenham a vida eterna pelo cumprimento dos mandamentos das leis de Deus, porque é a justiça do Criador mais dura e corretiva, que a justiça dos homens que acreditam terem forças e poderes, acima das forças de Deus que os criou, mas em verdade o pouco que tem, foi Ele mesmo que os ofertou.

Portanto o mesmo que os nutre será aquilo que irá destruí-los, se acaso não tomarem novos rumos e novos caminhos para a dedicação de novas práticas e sentidos espirituais menos danosos e mais prudentes, pois são os caminhos de terra os rumos que irão lhes encaminhar as promessas ou aos galardões das dores, pela única certeza que poderá salvá-los, que é a verdade que cada um carrega dentro de si, desde que seja esta a mesma verdade espiritual nascida no momento de vossos nascimentos espirituais.

E era isso que desejava Jesus que os homens soubessem quando nesta terra adentrou, porque ainda que seus caminhos fossem tortuosos de penas e de dores, existia um caminho mais puro e santificado das quais todos poderiam caminhar, porém é preciso estar preparado e consciente de sua existência, pois nenhum adentra aos reinos dos céus por erro, sorte ou desavisado. É preciso galgar os caminhos, é preciso caminhar em passos firmes e desejosos de alcançar o outro lado da existência, lúcido e prazeroso de vossa conquista, pois ninguém caminha com os espíritos sem saber que com eles está, assim como ninguém parte para os campos de remissão sem saber por qual motivo deverá passar por lá por um período.

Mas como é o Criador bondoso em demasia lhes concedeu vosso filho para que este pudesse vos mostrar os caminhos da paz da gloria e do contentamento para que encontrem os homens através das obras, a felicidade espiritual almejada diante de vosso reino e santidade, seguindo os caminhos bons mas com consciência do que essa bondade os reserva, uma vez que para conhecerem o inferno, bastava continuarem exercendo as suas idolatrias e ações más uns contra os outros em nome do nada existencial, que os cobriam de razões de falsas verdades.

Mas, vejam vocês, se não é a lei de Deus a única forma de caminhar sobre a verdade pelos caminhos bons e cumprir com a promessa que cada filho possui, porque são os caminhos bons obedecendo às leis e os mandamentos sagrados a mais plena e sublime forma de adentrar as casas celestiais e trilhar os caminhos santos e sagrados para elevar-se e evoluir em vossa unidade e essência espiritual, porque ainda que seja Deus o Criador misericordioso e fonte eterna de amor, de compaixão e de caridade é também o Criador, o poder de correção e de justiça, que somente a vossa misericórdia extrema após o reconhecimento do motivo da justiça é que poderá vos socorrer. Porque são as demais formas de existência espiritual distante dos reinos de Deus ou de vossas casas celestiais as mais dolorosas e danosas formas de existência que um espírito nascido em seio amado poderá experimentar, não por vossa vontade e sim pela vontade do ser material em caminhar diante daquilo que não fora a escolha de Deus para eles mesmos.

Mas, deseja o Criador que todos caminhem pelas trilhas do amor, da compaixão, da caridade, da autocorreção e da justiça espiritual, da mesma forma como os permitem prepararem-se para as vossas sublimes e nobres promessas sem passar pelo pesar ou pela dolorosa culpa de sentirem as mais extremas e temíveis horas na casa das trevas, porque não criou Deus os seus filhos a vossa santa imagem e semelhança para serem o oposto daquilo que ele mesmo diz que deverá ser bom para que retornem as vossas casas e o sigam pela eternitude espiritual.

Porém ainda que todos os espíritos tenham nascido do mesmo Criador e tenham a mesma oportunidade de adentrar as casas celestiais, nem todos irão alcançar a glória e a nobreza de provar de vossas promessas; por isso, ainda que as veredas do mau lhes corrompam e lhes causem dolorosas horas nos elos de remissão da própria alma, todos terão ainda a chance de elevar-se um dia em espírito, porque nisso aplica-se a justiça de Deus, pois é a eternidade a vida de todos os espíritos que diante da verdade caminham. Porque foram estas as promessas do Pai aos vossos filhos, porque é Deus o caminho, o recaminho, a justiça e o perdão.

Portanto, não deseja o Criador que os vossos filhos adentrem aos campos de remissão de suas almas, por isso deu o seu filho único para vos ensinar as lições espirituais ordenadas por Ele, porque estas significam além de lições de um homem com sentidos e sentimentos bons, mas sim os ensinamentos pela prática daquilo que é o único caminho que poderá vos libertar de suas próprias prisões.

E sendo o elo terreno um campo de aprendizado e lapidação de alma, devem todos ser aprendizes e praticantes daquilo que lhes é ordenado por vosso Senhor, dentro de nossas próprias limitações de seguir o exemplo do Mestre buscando alcançar maior e mais pureza em suas almas, pois esta é a única forma de libertarem-se de si mesmos, caso contrário de nada adianta caminhar sobre a terra, porque esta jamais estará própria para recebê-los, pois ainda que adentrem por milhares de encarnações, porém, nunca conheçam ou aprendam a praticar as lições espirituais, as quais descera para conhecer, e praticar e se autoconhecer, nunca alcançarão as vossas promessas.

E assim como são todos os espíritos nascidos em campo celestial, ensinados e preparados para conhecer a si mesmos e conhecer o Senhor Deus e as leis que regem os elos celestiais, da mesma forma são os espíritos quando descidos aos campos terrenos, ensinados e preparados para se autoconhecer e conhecer as leis e os mandamentos, que em terra os regem para caminhar sobre aquilo que lhes é a ordenação de divina, para que sejam capazes de cumprir as vossas jornadas terrenas, em busca de elevação espiritual porque é a elevação espiritual o caminho para a eternidade que todos os espíritos devem caminhar.

Por isso, fora o vosso filho único preparado e descido a terra, para a missão de ser a luz do mundo, não a luz de si mesmo, porque é o Criador a luz que acende e concede a vida a todas as vidas, mas aquele que em espírito, caminhante dentre todas as fontes de luz e de energia celestial, é a representação das sete fontes de energia e luz, sendo ele ao mesmo instante a força do conhecimento, da doutrina, da disciplina, da humildade, da dignidade, da compaixão e do amor, do qual deveriam, todos os filhos que distante das leis de Deus estão, conhecer, caminhar e encontrar, porque é à partir destas forças que poderão encontrar tudo aquilo que o Senhor lhes prescreveu, por serem estas as únicas e verdadeiras formas de caminhar em direção as casas celestiais, porque somente com as forças do amor e da bondade podem entram nas casas, mas somente aqueles que as conhecem e praticam são capazes de seguir em direção a ela.

> "E de sua plenitude recebemos todos também graça por graça. Porque a lei foi dada por Moisés; a graça e a verdade foram feitas por Jesus Cristo. Deus nunca foi visto por alguém, o filho unigênito que esta no seio do Pai, este o revelou" (João 1:16-18)

Portanto, não viera Jesus para desfazer as ordens de vosso Pai, mas para praticar e mostrar ao mundo tudo aquilo que outrora fora trazido e apresentado e que, por isso, por ele também seria praticado, porque era ele a luz que ascendeu, a luz daquilo que Moisés celestialmente recebeu e ergue, e não aquele que viera empregar novas doutrinas ou novas ordens.

E assim, carregando a mais pura e sublime força celestial do qual não teria o Aprendiz da perfeição, Moisés, condição de adentrar ao campo terreno para cumprir a ordem divina sem esta luz, desceu igualmente a terra em arcada material, igualmente homem, para comungar com os demais homens sentidos e sentimentos igualmente primitivos, porém, não em forma de servo ou instrumento divinal, porque além de ser aquela época e tempo, um tempo mais impuro e danoso para o espírito que adentrasse carregando a verdade, se acaso não fosse nascido da própria verdade de Deus, desceu aos campos terrenos a própria luz do mundo, o qual jamais seria derrubado, antes de cumprir a vossa ordenação de ser e trazer tudo aquilo que fora a vossa ordenação.

E assim, como fora com o servo aprendiz de vossa perfeição, que descera aos campos terrenos trazendo a doutrina que era este o próprio mandamento espiritual sagrado, ordenado pelo Criador, acompanhado com os mais altivos e nobres espíritos, fontes de energia espiritual do qual são estas as energias derramadas sobre a terra, uma vez que a vossa missão seria em comunhão com as fontes dotadas de magias e de mistérios celestiais para que pudesse ele demonstrar através das magias de transformação, o qual fizera junto a todos os elementos orgânicos, a força e o poder espiritual do Criador por meio dos pródigos essencialmente realizados em comunhão com os elementos naturais terrenos abastecidos ou vivificados pela força do derramamento destas fontes de energia.

Por isso, foram as magias de transformação apresentadas por Moisés, a junção das suas próprias forças que encontravam-se diante da arca, cofre do ajuntamento das energias espirituais das fontes de luz com as forças dos elementos que abastecidos por essas energias e luz em terra, prostravam-se as vossas ordens e desejos, pois era ele em terra a própria força divina sobre a ordenação do Criador, ordenando por vossa unidade que as energias celestiais que se derramam em terra cumprissem as suas ordens quando levantava a força e o desejo de que se fizessem cumpridos os pródigos por sua autoridade, uma vez que detinha o poder e a autonomia para que juntos atuassem em nome do mesmo Deus que os cobriam de vossa luz.

Porque assim, se cumpre uma ordenação espiritual, porque trabalham os espíritos por meio de poderes, forças e magias criadas e abastecidas delas mesmas, uma vez que já são elas abastecidas pelas forças do Criador, formando laços ou correntes espirituais, prontas e firmadas na certeza do mesmo Deus, ou da mesma fonte de energia, magia e mistério, para cumprir as ordens santas.

E assim, também ocorreu ao descer o vosso filho único, acompanhado dos mais altivos, nobres e celestiais Espíritos, mas não somente porque foram eles ordenados a cumprir uma ordem suprema, mas sim porque é, e eternamente será ele, espírito altivo assentado à direita do Criador ou de onde também se encontram as sete fontes de energia e de luz, dos quais são constituídos os elos de força e de luz celestial, de onde parte do próprio filho único de Deus e vossa regência, e por isso não caminha sem as essências que o constitui em unidade espiritual, diante do templo de brilhantismo de luz, ou a vossa única verdadeira casa espiritual.

Mas não eram somente as energias das fontes de luz do Criador as energias que o servo Jesus utilizou em vossa caminhada em terra, porque este que descera para a árdua e sublime missão celestial de apresentar os reinos celestiais, assim como os caminhos da correção e da justiça de vosso Pai. Desceu ele ao mundo carregando também as forças de todas as forças do mundo, ou seja, não somente as energias emanadas abaixo de vossa hierarquia divinal, como também as forças das energias fundidas em outra forma de fluidez de energia, uma vez que são estas as forças de energias, que fluem em campo terreno, vindo do poder mais altivo e majestoso de Deus.

E assim como são todos os filhos de Deus em terra guiados e auxiliados pelas energias e fluidezes dos dois campos de energias espirituais, onde um encontra-se assentado à destra e o outro à esquerda de Deus, fora ele igualmente carregado e protegido por estes dois campos de energia, pois são estas duas unidades distintas com funções diferentes as maiores e mais poderosas fontes de cumprimento e ordenação também distintos, forma-

71

dos pela união de energia e emanação espiritual, composta com as duas extremidades de forças assentadas a direita e a esquerda, o qual esta extrema e misteriosa unidade que se força composta pelas duas extremidades divinais fazendo cumprir a ordem santa recebe o nome de Tríade espiritual sagrada, pois cada uma proporciona a sua terça parte no cumprimento de ordem divina dentro da mesma ordenação suprema para que seja por meio de cada um destes elos espirituais de magia e de mistério cumprida a vontade de Deus

Por isso, fora ele guiado não apenas pelos espíritos que compõem as fontes de energia e fluidez dos espíritos sagrados, da qual é ele a própria representação do amor, da frutificação, doutrina, autocorreção e da sabedoria, como também pelas forças da correção e da justiça, que é composta pela unidade que assenta-se a esquerda de onde os tipos de energias são semelhantes as energias que fluem e vibram em campo material, formando assim a Tríade sagrada composta de três partes para cumprir tudo aquilo que ordena a vossa primeira parte, o Criador.

Mas não que tivesse sido ele nascido da ordem de aplicar a justiça de Deus sobre os homens, porém são as leis divinais, compostas não somente pela força da compaixão, da caridade e da bondade, como também pela força da misericórdia que se encontram dentro desta força de doutrina, disciplina, correção e também de justiça que cumpre a ordem de ser a justiça sobre o não cumprimento das leis espirituais, porque assim se faz a lei de Deus sobre todas as coisas. Isso quer dizer que não por não possuir em vossa própria unidade de forças as energias necessárias para que adentrasse ao campo terreno, mas sim porque era ele em campo terreno a representação das energias e forças do Criador e, essas assim como feitas em amor, frutificação, garra, ciência e conhecimento, são também feitas em ordenação, correção e justiça. E encontra-se a correção pela justiça assentada a esquerda do Pai.

> *"Porque em verdade vos digo que, até que o céu e a terra passem, nem um jota ou um til jamais passará da lei, sem que tudo seja cumprido. Quem violar um destes mandamentos, por menor que seja, e assim ensinar aos homens, será chamado o menor no reino dos céus; porém àquele que os cumprir e ensinar será chamado grande no reino dos céus"* (Mateus 5:18)

Por isso, viera ele não para desfazer ou renegar, mas cumprir, assim como cumprem todos aqueles que são leais, fiéis, nobres, dignos e obedientes de vossa santidade independente do lado que estes espíritos ocupam, ou da unidade espiritual à qual esteja, se no céu ou na terra. Porque todos os espíritos que, nascidos da vontade do Criador, que sobre as vossas ordens caminham, sobre o poder de vossas mãos se curvam e se prostram em verdade as vossas leis e vossos mandamentos. E sendo o Filho do homem, tão leal, fiel, digno e obediente vossa santidade, o vosso Pai, assim como todos os espíritos nascidos de vossas ordenações, viera este apenas para cumprir aquilo que lhe fora ordenado, que era apresentar aos homens de terra o reino celestial do Criador, a partir do cumprimento das leis e dos mandamentos Dele mesmo.

Portanto, não para desfazer ou renegar, porque nenhum espírito ou homem poderá ser maior ou mais sublime que o próprio Senhor Deus, para desfazer ou descumprir aquilo que Ele mesmo ordena, que assim o seja; e ainda que tenham que atravessar séculos de remissão de vossas próprias unidades penando a misericórdia divina de vossas essências, ainda assim todos cumprirão as vossas leis e caminharão sobre a vossa eterna glória. Amém.

CAPÍTULO 5
AS DOZE FORÇAS ESPIRITUAIS

> E Jesus lhes disse: vinde após mim, e eu farei que sejais pescadores de homens.
> (Marcos 1: 17)

Mas como não viera para desfazer e sim para cumprir as ordens do Criador pelas mesmas leis e mesma doutrina celestial, uniu Jesus igualmente ao vosso irmão caminhante de outrora, de nome Moisés, também doze homens ou doze dons, doze conhecimentos, doze desejos, doze vontades, doze crenças e doze distintas intenções, não para alimentá-los pela mesma verdade de serem fortificados e levados até as terras das promessas terrenas, mas sim para uni-los através da mesma verdade divinal, para levá-los aos reinos do Pai celestial, reino este que todos aqueles que o conhecerem em justiça, em amor e em verdade, jamais poderão morrer, porque é este o verdadeiro caminho da salvação, salvação não da carne, mas sim do espírito, porque é reino do Deus, a casa nobre celeste e eterna, feita em Espírito eterno de luz que jamais se findará.

Pois era a junção das doze forças, através dos doze homens, com seus doze dons, ciência e conhecimentos distintos, a formação da inteireza de forças espirituais em terra capaz de exercer através da força contida nestas doze unidades uma força única com poderes de restauração, restabelecimento e cura. Isso porque esta unidade formada pela união de doze unidades distintas carregada de diferentes fluidezes e emanações é a constituição perfeita de uma das maiores ferramentas celestes em campo material, capaz de mudar, alterar ou transformar qualquer outro ser ou elemento que energia espiritual também possua, sem que para isso faça necessário, invocação de qualquer outra entidade composta de energia espiritual a não ser por esta misteriosa força de transformação formada em terra.

E pela intenção de torná-los grandes pela força que deriva da união de todos eles para que pudessem exercer as mesmas magias de transformação, foram escolhidos cada um devido à própria individualidade, dom, capacidade terrena de compreensão, entendimento, aprendizagem e determinação porque era exatamente o que cada um tinha a oferecer, porque esta era a importância espiritual necessária para a formação da unidade de forças, composta de tudo o que espiritualmente se faz necessário para o exercício da atividade espiritual pela concentração de força em um único foco e objetivo.

E por isso foram escolhidos os discípulos, para que compusessem a unidade espiritual concentrada em energias e forças, mas não aleatoriamente foram escolhidos, mas por serem homens simples a procura de suas próprias verdades, preparados para entregarem-se uns aos outros para a comunhão do aprendizado de forma que pudessem alimentar-se da força da luz e amadurecerem-se terrenamente em unidade espiritual para prestarem o serviço santo, porque esta era a missão de cada um deles. E embora fossem rústicos e de pouca educação eram grandes em espíritos, porque somente poderia caminhar o Mestre com espíritos que fossem espiritualmente preparados para com ele caminhar, ainda que muito tivessem que aprender, por isso foram escolhidos e treinados para exercer exatamente aquilo que deveriam pela condução e instrução espiritual partindo da crença e da obediência para alcançarem os mesmos poderes e forças que utilizava Jesus em vossas obras.

Porque dissera ele que, todo aquele que, em verdade, acreditasse e o seguisse pelas vossas palavras, que não eram suas, mas sim de vosso Pai, poderia exercer tudo aquilo que ele mesmo fazia e poderia ainda fazer, com maior grandeza e perfeição, perfeição que ele utilizava.

Então doutrinava e ensinava o Mestre, a todos os seus discípulos ou servos aprendizes de vossa unidade santa da perfeição, para que mesmo no dia em que não mais caminhasse materialmente nesta terra, pudessem os vossos servos aprendizes manipular, exercer ou erguer as mesmas obras que ele mesmo, não necessitando mais de vosso apoio terreno, para ser a disseminação da salvação, o caminho do restabelecimento ou da cura. Porque tudo aquilo que outrora fora ensinado aos vossos aprendizes são ensinamentos perpétuos, que em terra deverá ser utilizado a todos os filhos que, em verdade, crêem e caminham sobre as boas obras de

Deus, unidos pela mesma verdade divinal, que jamais poderá morrer. E esta que era uma força espiritual constituída não de uma única força e sim de doze distintas forças, porque cada um representava uma entidade diferente com missão, capacidade de discernimento e nivelamento espiritual diferente, porém caminhando juntos através dos semelhantes sentidos de crença, entrega e devoção, pois era a entrega ao cumprimento da ordenação santa em comunhão, a chave que lhes permitiam o acesso ao pleno poder de cura e restabelecimento do corpo e da alma, e ainda que lhes faltasse um membro espiritual repartindo a sua proporção de fluidez e energia, mas tivesse dentre eles a verdade, o sentido da unidade permaneceria inabalável e estaria inteira.

Isso porque o enorme poder espiritual que tem a inteireza de forças formada por doze intenções torna-se indestrutível de aspecto completo celestial e por isso, poderá ser utilizado conscientemente quando estiverem estes juntos ou separados desde que a intenção seja a mesma direção.

E assim já havia caminhado Moisés, conduzindo doze unidades distintas com desejos, crenças, necessidades e vontades diferentes, os tornando conhecedores da única e verdadeira verdade para que através da união das doze tribos ou as doze unidades de poderes e forças terrenas, pudessem após a entrega e a obediência ao único e verdadeiro Deus, serem praticantes e disseminadores da verdade do Criador, para alcançarem não apenas as terras das promessas terrenas, mas da unidade espiritual, para que não voltassem a andar sobre inverdades, mas sobre a única e verdadeira lei que é aquela que jamais os deixariam morrer.

Porque terrenamente, a força de ser doze é mais forte do que a força de ser apenas um, pois juntos além de adentrarem a um campo magistral e espiritual de força e de luz celeste, podem ser alimentados não de uma única fonte de conhecimento e de saber terreno, mas sim de doze fontes, e assim ganham um poder excepcionalmente indestrutível quando voltados para a mesma ação e a mesma verdade.

> *"E andando Jesus junto ao mar da Galiléia, viu dois irmãos, Simão, chamado Pedro, e André, os quais lançaram as redes ao mar porque eram pescadores. E disse-lhes: Vinde após mim, e eu vos farei pescadores de homens. Então eles deixando logo as redes, seguiram-no"* (Mateus 4:18-20)

Então escolheu Jesus com vossas próprias mãos, da mesma forma que havia escolhido Moisés os doze homens, representantes de doze tribos, cada um de diferente dom, mas que seriam todos igualmente unidos em unidade e esforços, para a mesma certeza e verdade, através da junção sagrada de doze partes distintas, porém, com o mesmo desejo e com a mesma vontade, em prol de uma mesma verdade espiritual, por meio da formação de um elo espiritual indestrutível em campo material, quando vibrando pela mesma fonte de energia formada pela inteireza de força espiritual, criada pelas forças destas partes materiais e espirituais.

E essa fonte espiritual, representada por estas doze partes formada pela única parte que os selam, que é Deus, para utilizarem as forças e energias de vossas fontes de luz, porque é esta a única fonte que jorra por dois únicos poderes; a crença em cada parte individual que os unem em terra e a crença no Criador, o vosso único salvador, que vos guarda e vos protegem no exercício de suas labutas espirituais.

Por isso, a união destas doze verdades que constitui uma única fonte de energia celestial, vibrando individualmente por cada espírito, em que cada um possui seu poder de forças e dons espirituais, por ceder as próprias energias, e dons para erguer e construir aquilo que lhe é ordenado, conforme a capacidade ou necessidade espiritual de construção e execução, dentro do campo de atuação em que lhes for permitido, ou seja, somente no momento em que juntos estiverem na execução da obra divina espiritual, porque fora deste campo de atuação, somente será possível se acaso isso lhe for através de um Espírito altivo ordenado. Isto quer dizer que, apenas se houver uma ordenação sagrada, descido por um espírito, que em terra tenha adentrado para exercer ou continuar a execução da obra, estando este alinhado a outras doze energias espirituais também ordenadas, para o desta.

Por isso, a união destas doze forças é a junção da inteireza de forças espirituais, formando um campo energético celestial em unidade terra, em prol de uma única verdade, onde cada um possui seu próprio poder de forças, nascido de seu próprio dom, pois da mesma maneira como o Mestre Jesus possuiu e utilizou suas forças, poderes e energias advindas das forças do Criador, por determinação divina, assim será esta unidade espiritual inteira, de forças recebedora das energias, e vibrações celestiais da fonte única que jorra as energias do Criador, em que a união destes dois poderes, a crença nas demais unidades e no Criador, os tornam poderosos para que sejam nutridos e abastecidos espiritualmente pelas fontes de energia, de luz e de vigor, em campo terreno.

Porque somente pela união, doando as vossas energias e verdade, não sendo esta união uma corrente espiritual ou uma corrente mediúnica de atuação santa com os Santos, ou com os espíritos evoluídos, e sim uma corrente espiritual de poderes e forças materiais de dons e espirituais, jorradas das fontes de energia e de luz do Senhor, formando uma única fonte terrena de junção de espíritos encarnados, é que poderá firmar-se um elo terreno e espiritual, capaz de receber as forças das fontes do Criador, e unir as forças de cada unidade de espírito, para que juntos atuem em prol de uma única verdade, para que sejam nutridos uns pelos outros, assim como pelos espíritos atuantes das fontes de energia, que os guiam através das energias divinais os vossos trabalhos.

> *"Jesus enviou estes doze, e lhes ordenou, dizendo: não ireis pelo caminho dos gentios, nem entrareis em cidade*

de samaritanos. Ma ide em direção às ovelhas perdidas da casa de Israel; E, indo, pregai, dizendo: É chegado o reino dos céus. Curai os enfermos, limpai os leprosos, ressuscitai os mortos, expulsai os demônios; de graça recebestes, de graça dai" (Mateus 10: 5-8).

Jesus carregava em vossa estrutura espiritual o poder de forças das sete fontes distintas de energia divina, energias e forças estas que são jorradas por sobre a terra e retidas pelos elementos orgânicos e inorgânicos para que estes ganhem vida espiritual e possam nutrir de fluidez e emanação celestial todos os espíritos, seres e formas que neste campo existem. E distribuiu o Mestre, de forma fracionada, estas mesmas energias que ele próprio rege aos doze discípulos, para formação não de uma fonte de poderes de luz em terra e sim para fortificação e união daqueles que com ele iriam caminhar e igualmente distribuir a cura e o restabelecimento através da confiança e da fé em nome do Criador, porque ainda que não mais caminhasse o Mestre dentre os homens, ainda sim a vossa obra se estenderia aos quatro cantos através da crença e da coragem dos seus devotos servos.

Por isso, a primeira tarefa dos discípulos era a descoberta individual como fonte de energia carregada através da união e da própria crença e devoção que tinham em relação à verdade. E quando isso ocorreu estavam preparados para caminharem em nome de Deus unidos pela mesma força que os guiavam, derramando igualmente o Mestre à luz espiritual do poder de cura diante daqueles que socorro implorava.

Então era preciso além de conhecimento sobre a verdade, devoção e crença para caminhar sobre todos os preceitos da verdade para que pudessem através de seus próprios dons, ciência e conhecimento recebidos dos céus, junto às energias misteriosas das fontes de luz que já possuíam em suas unidades, indubitavelmente terem verdade em suas intenções para atuarem em nome da verdade disseminando e continuando as obras e trabalhos espirituais de Jesus aos quais era a continuidade o próprio caminho de cada um transformando aquilo que já existia em algo novo algo renovado, não por eles mesmos, mas através da energia celestial, derramando sobre o espírito e a carne pela força da fonte de luz e energia divina tudo aquilo que precisavam, não para curarem se em matéria e sim para igualmente terem crença e esperança no único Salvador.

Por isso era preciso conhecer a força que carregavam e reconhecer o tesouro espiritual que possuíam em terra que através destas mãos simples de homens simples, traziam as mais puras e incontestáveis forças celestiais para restauração daqueles que necessitavam pela confiança e autoridade do filho de Deus. Porque sem autoconhecimento e conhecimento não existe fidelidade e lealdade, pois somente compreendendo a fundo a sua própria importância e dádiva é que pode haver devoção, e eram todos os discípulos devotos ao Mestre.

83

CAPÍTULO 6
PRÓDIGOS E MAGIAS
DE TRANSFORMAÇÃO

Todos os pródigos e obras, que o Mestre Jesus ergueu e operou em nome de vosso Pai sobre a terra de forma consciente, foi através do poder de magias de transformação que detinha por meio das forças da natureza terrena e espiritual. Porque quando mudava ou alterava o estado físico ou espiritual de qualquer unidade física e orgânica estava utilizando as forças das unidades de forças espirituais santificadas que se descarregam sobre os elementos orgânicos e inorgânicos em campo terreno os tornando assim vívidos e nutridos da luz celestial. Porque igualmente são unidades orgânicas e espirituais, uma vez que somente podem estas esferas robustas em energia espiritual derramarem-se e nutrir a terra com a força de luz que possuem porque são os homens formados e constituídos da mesma força de luz que precisam receber.

Por isso, alterar e fazer mudar qualquer forma física material ou espiritual ocorria por força das forças que se juntavam e esta junção orgânica espiritual é capaz de reestruturar e formar uma nova unidade pela autoridade daquele que a rege sobre qualquer elemento orgânica que encontra-se sobre a terra, não formando, mas transformando aquilo que já existe em nova unidade ou unidade refeita de si mesma.

Então toda magia de transformação ou restauração da matéria e do espírito ocorre por meio da manipulação das energias e vibrações contidas no próprio campo terreno que são as energias que vibram das sete fontes de energia e vigor, o qual é ele mesmo o regente, não único, mas possui total e celestial autoridade, não apenas para manipular de forma espiritual, como também de forma material ou orgânica, estando ele também em elo terra, porque são todos os elementos, forças, energias e estruturas terrenas forças formadas em energias e vibrações, pelas forças e energia e luz do próprio Criador.

E sendo ele ordenado a descer ao elo sagrado material da forma, que havia ele sido constituído, ou seja, com todas as forças, poderes, magias e mistérios do Criador, para manipular todas as energias e forças, conforme a necessidade, para que pudesse, assim como havia feito Moisés quando por meio das forças da natureza que manipulava através das energias contidas em sua arca cofre de poderes espirituais e naturais, ergueu a serpente, feriu o rio de morte, anoiteceu o dia e abriu o mar, da mesma forma apresentar a todos os homens a força e o poder do Criador, não somente pela força dos elementos naturais orgânicos o qual é também esta a mesma força que concede e transforma a vida através das forças que restabelecem e curam pelo poder de vida e de morte que são as energias divinas, mas mostrar que forças superiores àquelas que possui o próprio Criador, não são possíveis de existir, porque estas representam o todo, e era ele a representação divina espiritual do todo em terra.

Por isso, fora ele manipulador das energias e forças das forças, que consomem a vida e, ao mesmo tempo, as permitem viver, por isso, era ele caminhante sobre a vida e a morte, o único ser em terra em vossa época, descido para ensinar os demais homens a ser igualmente capaz de limpar as feridas, ressuscitar a vida, erguer-se dos mortos, curar a matéria, restabelecer a carne que finda, bem como expulsar os demônios.

Porque assim como detém eternamente o poder sobre todos os poderes assentados à direita de Deus pai, que o permitiu manipular de forma santa e sagrada todas as energias que vibram e se derramam por sobre a unidade terra e os seres que nesta unidade se encontram, igualmente adentrou, com a força dos poderes assentados a também a santa e sagrada esquerda de Deus, o Criador, onde se encontra o poder de correção e justiça, que é a própria justiça divina, a força da remissão, que endireita os caminhos pela doutrina e disciplina da remissão da própria dor, dor que causa o homem a si mesmo.

Porém é o Criador a divindade santa e sagrada de eternitude celestial feito de amor, caridade, compaixão e cura, assim como é feito igualmente de correção e justiça, pois o amor a caridade e a compaixão nada podem ser se não forem também abençoados pela correção e a justiça que são as certezas de comprimento daquilo que é a ordem a ser cumprida, porque assim com é a vida o nascimento e a morte dela mesma é o amor, a caridade e a compaixão; o abrir de olhos frente a única e verdadeira lei, porque sem lei não existe nascimento ou vida para se amar.

Mas eram as forças e energias que ele manipulava, as forças de cada unidade espiritual assentado a um lado das mãos do Senhor, derramando suas próprias energias e forças ao mesmo tempo em que, jorrando luz em forma de amor, caridade, compaixão e justiça, em nome de Deus, onde todos estão santamente firmados. E por isso a mesma fonte que abastecera o Mestre, os doze discípulos em vossas missões materiais e espirituais, fazendo com que este, ainda que andasse pela terra dos homens, com os homens não se alimentasse espiritualmente como os demais homens, ou seja, ainda que nascido carnalmente de matéria humana, não se entregava aos gozos e delícias materiais; que a carne facilmente se entrega, distanciando das verdades divinais do Salvador.

Por isso, a missão de Jesus não fora apresentar a doutrina, para que o mundo fosse conhecedor e fortalecido dela, pelo conhecimento das leis divinais, e sim vos apresentar o reino celestial do Criador a todos os homens, e preparar doze espíritos homens, ou doze poderes, e forças para serem estes os vossos apóstolos sagrados, não somente pela crença, pelo amor e pela verdade, mas sim pelo conhecimento das forças e das energias espirituais de Deus, capazes de manipular, alterar, restabelecer, curar e ressuscitar todos aqueles que, em verdade, amor e crença depositassem vossas esperanças no Salvador e em vossa luz celestial.

Ora, se não era Jesus, o filho único preparado e nascido da vontade de Deus, se fazendo homem na terra de homens, para que pudesse, entre os outros homens, caminhar e ser o Mestre espiritual ou o altivo servo do Deus, que os ensinaria os caminhos da salvação dele mesmo a outros doze espíritos, para que estes pudessem disseminar o reino dos céus e da graça do Espírito Santo, de onde ele havia descido.

E fora ele nascido, para falar, ensinar e demonstrar as forças e o amor de vosso Pai, ou o amor que existe apenas no reino dos céus, o qual é este o único da salvação. E fizera o Mestre exatamente aquilo que fora vossa ordenação e, embora nem todos o tenham compreendido, porque tudo o que dissera, demonstrara e manipulara, não era por si próprio, mas pela vontade de vosso Pai celestial, e era novo ou estava além da evolução ou da capacidade dos homens de terra daquele tempo compreender, pois o único reinado que conheciam era o reino do ser igualmente encarnado, que os escravizavam retirando as suas esperanças, os seus direitos as suas vontades, e ainda lhe cobrando o pouco que lhes restavam por meio dos altos impostos.

Por isso, fora Jesus, o príncipe de vosso próprio reinado, reinado este que não se encontra neste elo espiritual, assim como jamais fora ele mesmo parte deste elo material, uma vez que as coisas celestiais não se firmam no mesmo espaço e campo onde as coisas de terra se fazem existir pela forma intrínseca material não de forma verdadeira espiritualmente.

Mas, ordenado a trazer a verdade celestial, ou o conhecimento do reino do Pai, o qual quem dele conhecer jamais poderá morrer, assim como ele vive, pela eternidade diante da destra do Criador, executou e exerceu tudo aquilo que lhe fora determinado de forma honrosa, fiel, leal, determinada e humilde, conforme a vossa própria constituição celestial.

CAPÍTULO 7
O PÃO DA VIDA

"Eu sou o pão da vida. Vossos pais comeram o maná no deserto, e morreram. Este é o pão que desce do céu, para que o homem que dele comer não morra. Eu sou o pão vivo que desce do céu; se alguém comer deste pão, para sempre viverá; e o pão que eu der é a minha carne, que eu darei pela vida do mundo" (João 6:48-50)

Mas é Deus, o Criador grandioso e demasiadamente caridoso em vossa santa bondade, e assim como alimentou todo o povo através das sementes sagradas de nome maná, ou fruto espiritual do céu para nutrir a fome orgânica no lugar do leite e do mel, para aqueles que fome sentiam em vossas bocas, a caminho de vossas promessas nas terras do deserto, igualmente saciaria a fome daqueles que fome possuem, mas não da semente orgânica e sim da verdade espiritual.

Pois fora o maná, do qual todos se alimentaram no solo árido, o pão apenas da própria carne, que não fora o nutriente das vossas necessidades de crença, tampouco o sustento de vossas almas, porque estas, embora tivessem sido alimentadas, morreram todas, não devido à comida que alimentou apenas as entranhas, mas que não vos pode sustentar a crença, a fé e a esperança de melhores expectativas em relação a si mesmos, diante desta terra de onde os frutos que nascem, parecem não ter vida embaixo dela, porque poucos são os que conseguem observar os mistérios e os segredos da vida, que nasce antes da vida brotar, diante dos olhos e antes que estes se apaguem novamente na terra.

E ordenou ao vosso filho único que descesse a terra dos homens e, igualmente vestido de homem, para que vos servisse de alimento espiritual para aquela época e aquele momento em que a crença, a esperança e a verdade pelo vosso santo nome se fazia fome pelas mesmas bocas, que outrora exclamavam por comida na aridez, do nada, meio ao deserto.

Mas não é este o pão que alimentaria a carne ou a matéria orgânica em vida material, e sim o pão que alimentaria a alma, que saciaria o espírito e que iria nutrir as esperanças da verdadeira vida, a vida santificada e celestial. Pois não é ele o pão que sustenta a carne, mas o pão que sustenta o espírito daqueles que, nascidos da carne, vivem famintos de esperança, de crença e de verdade, acerca do que jamais poderão ser ou comer através da carne material. E, por isso, assentam-se diante de vossa face celestial, sedentos daquilo que pode nutrir apenas as vontades espirituais, não aquilo que pode abastecer o prato que sacia a fome.

Por isso, não sendo este aquele que os alimentaria do pão da terra, pois era o pão da terra o alimento em forma de maná, uma vez que este alimento não mais poderia ser o caminho da verdade em terra que os abasteceria a crença, a esperança e a fé verdadeira no Senhor, para o recebimento de vossos alimentos, não que a crença, a esperança e a fé no Espírito deixaram de ser o caminho da verdade para o recebimento da glória e da luz de Deus, na forma daquilo que é a necessidade a quem suplica. Mas porque era a necessidade do povo daquela nova era de tempo em que Jesus acabara de adentrar, não mais do pão que vos encheria matéria para que caminhassem em direção à plenitude da promessa divina, mas sim do alimento que os alimentariam em espírito ou em relação à verdade divinal para que fossem libertos de vossas próprias amarras, construídas por inverdades danosas a eles mesmos.

Portanto, não seria ele quem os alimentaria do pão orgânico do elemento natural da vida terrena, para que novamente morressem em espírito, assim como morreriam em unidade material, sem saber que as vossas salvações viviam através da própria terra, que sustentava a carne. Porque era Jesus, a comida que os alimentariam em espírito com a verdade do Criador, em forma de sustento da alma, para que jamais pudessem morrer em unidade espiritual, ainda que vossas carnes fossem consumidas pelo mesmo chão, que concedeu o direito de serem matérias e recebedores de um espírito na vossa sagrada terra.

Mas, este alimento, diferente do maná, o pão da terra que os vossos antepassados haviam comido, que não pode vos salvar de vossos pesares, é o verdadeiro

93

pão da vida, alimento que sustentará não o elemento orgânico, mas o espírito para que este não pereça e se perca dentre as falsidades, idolatrias e inverdades, que parecem em terra de homens mais verdadeiras que as próprias verdades de Deus, o Criador.

Porém, é o Criador, a plenitude em amor e caridade, bondade, que além de vos permitir ser viventes, atravessando gerações e séculos de existências, para provar de vossas próprias unidades, jamais os deixa sem aquilo que lhes é o alimento sagrado, para que possam alcançá-lo, porque é o Senhor aquele que vos abastece a carne e também o espírito de tudo o que se faz necessário para que sigam os caminhos de vossas promessas ou de vossas salvações. E, ainda que acreditem sentir fome ou sentir sede, tem de Deus tudo o que lhes possam saciar a fome por aquilo que Ele determina que vos seja o alimento a ser ingerido, até que possam as entranhas ou a alma saciar.

Por isso, o que outrora fora o alimento que vos abastecia a boca diante da pouca crença e da desesperança de caminharem caminhos corretos ou bons para que pudessem chegar as vossas próprias promessas, fortificados pela semente maná, que não os alimentava a alma, e que, por isso, muitos dos que se alimentara, morreram, não pela fome da boca, mas pela fome do espírito. É que lhes deu o Senhor Deus o alimento, que desta vez não vos alimentariam as barrigas, mas o espírito de verdade.

E não era o maná a carne que, depois de consumada, os libertaria das angustias, dos pesares e das dores da terra, tampouco da alma, os deixando, mesmo que saciados, andar dispersos e indecisos pelos caminhos da própria sorte. Mas é o pão da vida, o qual representa o próprio Filho de Deus, o alimento que não é nascido da terra, mas que nutre o espírito, porque é o espírito, quando abastecido de fé, crença, força e coragem, o caminho para a boa caminhada da carne e seu espírito em campo terreno.

Mas este, que não parte da terra, ou seja, não é assim como o maná, gerado em forma de elemento orgânico, e sim do sentido mais sublime e sagrado espiritual que é Deus, o qual fora trazido do campo celestial, em forma de espírito, e não em forma de comida, é o único alimento que poderá levar a todos os homens, que dele se alimentar, não a encher as vossas entranhas e partir em direção a terra das promessas de terra, mas sim ao conhecimento, à sabedoria e à elevação do espírito. Porque são o conhecimento, a sabedoria e a elevação do espírito a verdadeira essência da vida, vinda de Deus e, por isso, trazida pelo filho único, para ser o único caminho que poderá vos encaminhar em direção a Ele mesmo, para as vossas salvações pelas palavras da verdade, alimento da vida eterna do espírito e da salvação.

Por isso, nada fora mudado, trocado ou alterado, diante do que é o desejo do Criador, pois o que outrora foram as leis e os mandamentos para os caminhos da promessa, em nada fora tocado por aquele que descera em vosso sagrado nome, para enaltecer aquilo que se fazia esquecido com o tempo.

95

E o que em outra época foi o maná, a lei e mandamento, a vida e morte, para chegarem aos caminhos da glória, na época em que adentrou o filho único ao campo terreno, fora ele igualmente pela lei e o mandamento, a não morte que conduzia a vida pelo pão da vida, alimento que não nasceu da própria carne dele, mas alimento que vinha daquele que, formado igualmente em carne, o era por ordem divina, para alimentar a carne pela sabedoria e pelo conhecimento os encaminhando até o reino sagrado de Deus.

Porque não é a estrutura física material, organismo vivo, que pode alimentar ou saciar-se outra estrutura física e esta adquirir conhecimento, doutrina, sabedoria e elevação espiritual, nem pela substância orgânica, que existe na carne, tampouco em vosso sangue, espírito da matéria em terra; porque este é igualmente orgânico nascido do solo, e assim como não é a carne elemento vivo capaz de alimentar de conhecimento com ou sem o espírito, não é o espírito elemento orgânico da qual possa alimentar as barrigas por meio da unidade essencial que o constitui, porque este não é alimento material, porém pode servir de fruto existencial para se adquirir algum tipo de conhecimento ou evolução.

Portanto, a verdadeira vida que encontra-se no espírito é a única vida que pode alimentar outra vida em forma espiritual, ou seja, nem a carne e nem o sangue, alma do corpo, são elementos vivos em terra sem o verdadeiro espírito e por isso nenhum tipo de conhecimento, ensinamento ou caminhos pode trazer.

Logo, o alimento não é a estrutura orgânica material e sim o espírito, que abriga a matéria, composta do sangue que nela corre, para que esta seja viva e abrigue a verdadeira vida, que é o espírito. Isso quer dizer que é o alimento em forma de filho, não é a vossa própria carne material, assim como não é o sangue que caminha na carne o liquido orgânico para se beber pela boca e saciar a sede, porque tanto a carne quanto o sangue possuem sementes orgânicas, que findam e se desfazem igualmente, e tudo o que é orgânico e que perece no solo da terra nada pode trazer de espiritual a outro espírito.

Mas são o alimento carne e a bebida sangue, a representação da forma de vida natural ou material do espírito feito homem, possuidor da matéria que são a carne e o sangue a composição química e orgânica, dos quais fora ele nascido, para ser homem igualmente pela carne composta de sangue e todas as substâncias materiais da alma da matéria. Porque é o espírito a essência nobre celestial, que anima a carne e a faz ser espírito, nascido de Deus, porque nenhuma carne pode nascer dela mesma e possuir autonomia sobre a vida, se acaso não possuir um espírito determinado ou ordenado de forma divina. Por isso, eram as vossas palavras, as quais não eram palavras orgânicas, mas sim espirituais, uma vez que a carne não tem vida por si só, palavras exclamadas do espírito, Espírito ordenado pelo Criador, porque ainda que estivessem sendo faladas através da matéria orgânica, eram palavras anunciadas do Espírito

Santo, que a conduzia no campo sagrado terra através daquela matéria.

Por isso, não é o pão da vida a carne do homem, que espírito santificado o é, e sim o Espírito que pertenceu àquela carne e que sustentou a matéria, para ser por vossas palavras o alimento espiritual que conduz ao caminho da salvação do Pai celestial. E é o sangue da vida o sustento que corre e nutre a carne, que anima o espírito para que seja o Espírito do homem, que possui a carne e o sangue à luz da vida junto ao Criador, iluminando todos os campos do mundo com a própria luz de Deus.

Mas vejam vocês, se não é o filho único, o pão do céu, o alimento que alimenta o espírito e não a carne. Por isso, não fora este oferecido para aqueles que eram os filhos da promessa, caminhantes da terra árida, pois estes necessitavam apenas do alento da carne para que andassem firmes, seguros e crentes, em vossas direções, rumo ao caminho da paz, do leite e do mel.

Mas eram as outras gerações, não menos necessitadas do alimento da carne do leite e do mel, mas já se fazia necessidade do conhecimento e da sabedoria em relação à própria salvação, que é a verdadeira e única promessa espiritual ordenada e nascida diante do reino do Rei dos reis, o Pai celestial. Portanto, este que descera do reino do Senhor Deus e que não era nascido da terra ou da carne por vontade da carne, é alimento que jamais sustentará a carne, porque esta que não veio da terra nunca poderá alimentar aquilo que nasceu e perecerá na terra, assim como jamais deixará morrer aquele que dele se alimentar.

E como não veio Jesus para desfazer aquilo que fora o vosso Criador quem os ordenou, e sim continuar a vossa obra pelo cumprimento daquilo que ele mesmo determina que se cumpra, exerceu a vossa missão fielmente sobre tudo o que por ele já havia sido perpetuado em terra. Embora fossem épocas distintas, com caminhadas distintas e formas de alimentos distintos, eram ambos os alimentos a serem comidos e bebidos pelas crenças, pela esperança e pela vontade de cada ser material, pela busca de vossas promessas ou de vossas moradas celestiais, o qual seria por essa nova era de tempo, os reinos dos céus abertos, para aqueles que da crença, da esperança e da verdade caminhem através das palavras do filho único até o Criador, para que adentrem as casas celestiais, assim como adentrou as terras das promessas aqueles que confiaram em vosso Senhor Deus por meio de vosso filho Moisés.

> *"Levantando Jesus os olhos, e vendo que uma grande multidão vinha ter com ele, disse a Felipe: Onde compraremos pão, para estes comerem? Mas dizia isso para experimentá-lo, porque bem sabia ele o que havia de fazer. Felipe respondeu-lhe: Duzentos dinheiros de pão não serão suficientes, para que cada um deles tome um pouco"* (João 6: 5-7).

Ora, mas não perguntara o Mestre ao vosso discípulo onde comprariam pão para que alimentasse aqueles que vinham em busca do pão da vida e sim do alimento de cevada, que abastece apenas a carne e não a alma, mas apenas para experimentar o vosso aprendiz, se este compreendera que era ele mesmo o pão que alimentaria tantos quanto fome da verdade tivessem e que por isso o procurava.

Porque não era o pão alimento do corpo que se referia Jesus, o alimento que Felipe deveria buscar para saciar a fome daqueles homens, porque bem sabia o Mestre o que deveria fazer para matar a fome, se acaso fosse a fome do pão orgânico o alimento que deveria servir, porque assim como jogara a rede e retirara a quantidade de peixes necessária para abastecer as entranhas de vossos discípulos, e não para demonstrar a vossa força e poder, mas sim para matar a fome. Da mesma forma, poderia este novamente enfiar a rede dentro do mar e retirar a quantidade de peixes que alimentassem o povo. Mas sabia ele exatamente qual era a fome do povo, assim como sabia como recolher aquilo que poderia nutrir todo o povo.

Mas não sendo o pão orgânico o alimento do corpo que vinha buscar o povo, assim como não era o alimento da carne que Jesus iria lhes oferecer, e sim o alimento da alma. Então pediu que todos se assentassem, compreendendo que nem mesmo os vossos discípulos entenderam que era ele mesmo o pão que alimentaria a multidão, e não o pão feito de água e farinha, a troco do dinheiro. Porque este, ainda que pudesse fazer saciar a vontade de alimento, jamais faria saciar a fome da verdade que procuravam.

E não procurava o povo por comida e sim por aquele que era o filho único de Deus e que trazia Dele mesmo as vossas santas e sagradas palavras, os quais todos depositavam crença e esperança, porque se acaso procurassem por comida, certamente buscariam os fabricantes de alimento ou os pescadores de peixes, e não o filho de Deus, o pescador de almas.

> *"E um dos seus discípulos, André, irmão de Simão Pedro, disse-lhe: Esta aqui o rapaz que tem cinco pães de cevada e dois peixinhos; mas o que é isso para tantos? E disse Jesus: Fazei assentar os homens; e havia muita relva naquele lugar. E assentaram-se, os homens, em número de cinco mil. E Jesus tomou os pães e, havendo dado graça os repartiu pelos discípulos, e os discípulos pelos que estavam assentados; e igualmente também dos peixes, quando eles queriam"* (João 6: 8-11)

Mas abençoou Jesus o alimento da vida material, não que este pudesse servir de carne as barrigas dos que buscavam conhecimento, crença, esperança, devoção e verdade. Porque estes sequer comeriam dos peixes e dos pães que ali estavam, e antes mesmo de iniciar a vossa santa e sagrada pregação em nome de vosso Pai, ergueu e repartiu o pão em demonstração de terra sobre aquilo que faria espiritualmente por todos os que presentes estavam, como forma de tornar fácil o entendimento aos que não o conheciam, assim como dos que mesmo que o conhecesse e com ele caminhava não sabia exatamente o que era, repartir-se entre os seus, ou desconheciam de fato qual era a vossa missão dentre os homens.

E erguendo o pão deu graças e o repartiu entre os seus discípulos e os seus discípulos os repartiram dentre eles mesmos para aqueles que os puderam receber, os quais eram estes os que tinham entendimento para compreenderem como se faria terrenamente aquilo que de forma espiritual era a vossa sagrada ordenação.

Pois assim como repartiu o pão dentre os seus, e estes repartiram ainda dentre os demais homens, demonstrando de forma material o que, de fato, vinha a ser o repartir do pão da vida, pela representação dele mesmo, dividindo-se pela terra ou o entregando-se a si mesmo, aos que tem fome de alimento da vida ou da verdade que este carrega, porque ainda que não tivessem o vosso corpo material, por muito tempo dentre eles, poderiam eles igualmente dividir aquilo que receberiam naquele momento a todos quantos tivessem fome da verdade, bastando terem crença, fé e devoção para aqueles que fome de aprender e conhecerem a verdade.

Porque era o filho único de Deus o pão, representação do pão da terra, o que igualmente se dividia entre os que dele tinham fome, assim como era o pão o alimento que facilmente pode ser repartido e alimentar a muitos que tiverem dele fome, ainda que seja somente uma única unidade de pão, porque este que é um poderá saciar a quantos tiverem fome, se grande o bastante for para alimentar muitos, ou seja, poderá apenas um pão servir de alimento a quantos tiverem fome enquanto o ajuntamento de água, fermento e cevada puder ser repartida.

E assim comeram e se alimentaram todos do pão da vida ou do pão da verdade, ao qual foram buscar, e nada faltou aos que nele creram, e se prostrara aos vossos ensinamentos. Porque aquele que era o alimento que nutre a alma é também o alimento que deve ser repartido dentre os homens, porque nada que obedece a ordenança divina de Deus, que seja bom para o filho, deve ficar retido ao filho, mas sim repartido a todos os irmãos, todos os povos e toda a humanidade. Porque é esta a vontade de Deus, ou seja, repartir tudo aquilo que Ele mesmo possui, porque tudo o que possui é bom, é caridoso, é nobre e é feito de amor e de verdade, e é somente isso o que Ele deseja e distribui aos vossos filhos, quando enviam vossos servos e altivos Espíritos, para nos mostrar e apresentar a vossa glória e a vossa sagrada luz.

Porque é a vossa glória a glória eterna da bondade, da caridade, do amor e da vida eterna que Ele mesmo se divide em forma da plena luz, para que todos os vossos filhos nascidos em terra possam caminhar as vossas missões e determinações, de forma que um dia possa alcançá-lo e também servi-lo em vosso sagrado exército de luz, amor, salvação e paz dos quais somos igualmente todos prometidos.

E partiu-se e distribuiu-se porque são a glória e a luz eterna do Senhor Deus, a verdade que deve ser repartida e distribuída entre todos os povos, porque não é nenhum filho ou servo Dele mesmo detentor de nenhuma verdade, que somente ele tenha recebido para dominar e possuir que não possa ser repartida, dividida e compartilhada dentre os demais filhos ou irmãos, ou dentre os demais filhos Dele mesmo; porque é o Criador, o único Espírito detentor de todas as glórias, certezas e verdades, e por isso, é Ele quem ordena tudo o que deve ser trazido apresentado e exposto a terra para que possam todos os vossos filhos serem conhecedores das palavras, atos e obras santas e possam assemelharem-se, crescerem e alcançarem também a vossa glória e eterna luz, diante de vossa sagrada face.

> "E quando já estavam saciados, disse aos seus discípulos: recolhei os pedaços que sobejaram, para que nada se perca" (João 6:12)

Ora, se os pedaços, que Jesus se referia para que fossem recolhidos, não eram os próprios homens sedentos da verdade celestial, ou os poucos homens restantes que ainda não tinham comido de vossa carne ou bebido de vosso sangue, ou seja, ainda não haviam compreendido as vossas palavras, ainda que tivesse o filho de Deus, se apresentado como sendo o filho único a ser ofertado em carne e sangue para saciar a fome e a sede de todos que buscavam as palavras verdadeiras do Pai.

Porque este que mesmo repartindo o pão e demonstrando por meio do alimento orgânico, que lhes poderia ser a única forma compreensível, ainda assim, alguns não haviam compreendido, de fato, quem era ele ou de qual reino falava e tentava pregar de forma tão especial; mas não porque não o queriam ter como o único e verdadeiro salvado filho único de Deus, mas sim porque ainda não lhes era a hora da compreensão ou do entendimento em relação à verdade. Porque é o homem conhecedor da verdade, não aquele que simplesmente busca a verdade, porque pode este deparar-se com a inverdade e crer estar de frente com a verdade, por isso, encontra-se com a verdade aquele para o qual é chegada a hora de encontrar-se com esta.

Mas como era o Filho de Deus, detentor do dever celestial de trazer a verdade do Pai, a todos àqueles que qual lhes fora espiritualmente preparado para ensinar, ordenou aos discípulos que não os deixassem partir, ou seja, que não os deixassem ir sem que as vossas fomes lhes fossem saciadas por ele, que lhes era o pão da vida.

Por isso, não os deixaram partir antes de separar os que já estavam saciados daqueles que ainda padeciam pela fome do pão da verdade, para que não se perdessem entre as inverdades e as falsas verdades materiais, porque, com estes, teria novamente o Filho de Deus, de forma que lhes fossem esclarecidas as palavras do Criador, o vosso Pai, mas com a intenção de que estes não perdessem as vossas crenças no Filho do Homem ou na única verdade que sobre a terra também caminhava.

E assim foram todos, de força sublime, paciente e caridosa, apresentados ao Criador pelas mãos do filho único, que lhes fizera novamente ouvir e receber a glória da compreensão de saberem que, igualmente, eram filhos do mesmo Deus ou do mesmo Rei, cujo reino está de portas abertas a todos aqueles que caminhassem diante das boas obras e das boas veredas santificadas, seguindo as leis e os mandamentos proclamados outrora por vosso irmão Moisés, em meio ao deserto, diante da fome e da miséria de conhecimento que o povo caminhava.

> "Sabendo, pois Jesus que haviam de vir, e arrebatá-lo, para o fazerem Rei, tornou a retirar-se só para o monte... E, tendo já navegado quase vinte e cinco ou trinta estádios, viram a Jesus, andando sobre o mar e aproximando-se do barco; e temeram. Mas ele disse: Sou eu, não temais... Eles então de boa mente o receberam no barco; e logo o barco chegou à terra para onde iam... Jesus respondeu-lhes e disse: Em verdade, em verdade vos digo, que me buscais, não pelos sinais que vistes, mas porque comestes do pão e vos saciastes"
> (João 6: 15, 19, 20, 21, 26)

Mas havia subido o Mestre ao monte para descansar o vosso corpo material e adentrar em espírito aos reinos dos céus, reino que haveria ele de regressar ao término de vossos ensinamentos que pregava aos vossos discípulos, que até instantes atrás não sabiam que era ele o pão da vida, e que até aquele instante também não sabiam que era ele carne abastecida de espírito santificado. Porque conheciam apenas o homem que ele representava em terra, e não o Espírito que carne material usava para comunicar-se com eles e com os povos.

E assim como repartiu o pão, elemento orgânico da terra, para demonstrar como se partia em carne material e dividia as palavras de Deus, para serem compartilhados os ensinamentos sagrados e apresentar-se como o pão da vida, que alimentava a fome do espírito, partiu-se em unidade espiritual sem que tenha deixado a própria carne desmembrando-se em unidade espiritual possuidora de carne material e unidade espiritual em essencial, como se jamais tivesse tido carne orgânica aparecendo puramente em espírito aos seus discípulos e assim, caminhou por sobre as águas.

Não que tenha ele em carne material andado por sobre as águas e sim em espírito, porque estava ele em unidade espiritual, e como estavam todos os homens dentro do barco e em alto mar, acreditaram que ele caminhava por sobre as águas quando na verdade em espírito flutuava por sobre as águas, porém isso que lhes parecia um mistérios era em verdade o espírito do Mestre que deles se aproximava enquanto estavam sobre as ondas.

E desta forma, apresentou-se em unidade espiritual santificada, para mostrar a seus discípulos a verdadeira forma que possui, pois não era esta composta de carne que finda, mas sim espírito imortal; espírito que divide e compartilha-se entre os povos. Pois aquele que vos falam em nome de vosso Pai, não vos falava pela carne orgânica que carregava, mas sim pelo espírito que divinamente o era, e que compartilhava os ensinamentos de Deus, por ser unidade espiritual, altiva e elevada abrigada a forma humana, para que assim como o pão, demonstração terrena de como se divide entre os homens, não era ele carne que finda, e sim Espírito eterno filho único de Deus.

    E compreendendo os vossos discípulos que era a unidade espiritual que embora se dividia entre os povos através da forma humana, assim como o pão que se faz necessário fabricar, preparar e repartir para se alimentar, porque assim era ele nascido e preparado homem em terra de homens, para satisfazer a necessidade de ensinamento, conhecimento, doutrina e restabelecimento das leis de Deus, porque era esta a única forma que os homens eram capazes de compreender. Compreenderam os discípulos que aquele que caminhava por sobre as ondas era em verdade o Espírito de Jesus apresentando-se da forma em que era em verdade constituído.

    Por isso, ele que não era a carne, mas sim o espírito, poderia não somente dividir-se em matéria levando a muitos outros a verdade do Pai celestial, como também, repousar a vossa matéria e ainda caminhar por sobre as águas para apresentar-se aos vossos aprendizes, de forma que estes compreendessem o que, de fato, se referia ele quando falava sobre o reino do Pai celestial, e a eternitude do qual eram todos prometidos, não em carne, mas sim espírito.

O fato de que os vossos discípulos aprendizes puderam vê-lo flutuar e encontrá-lo no mesmo barco, não tendo ele adentrado com os doze, é pelo motivo de que já eram capazes de compreender os vossos ensinamentos, quanto aos reinos dos céus, a eterna glória do Pai e a própria salvação, que era a salvação do espírito e não da carne, porque haviam estes sido alimentados pelo único e verdadeiro pão da vida, ou seja, haviam estes também entendido, através de vossas palavras, o que era o verdadeiro reino dos céus e as vossas unidades de servos e servas, atuando em vosso sagrado nome.

Por isso, não mais precisavam segui-lo, para que com ele estivessem, assim como não mais necessitavam observar os sinais, mas sim observar, por meio da crença, da esperança e da verdade aquilo que os olhos carnais não são passíveis de enxergar, que é a unidade espiritual pela evolução e entendimento espiritual sobre as coisas santas e sagradas. Então, não se surpreenderam ou assustaram com a vossa nova, única ou verdadeira forma que é a forma espiritual, ainda que caminhando por sobre as ondas, porque assim como comeram da carne e beberam do sangue, elevaram-se em espírito para serem capazes de comungar com o Espírito santificado, que era o filho único de Deus.

Isso por que comeram estes o pão daquele os quais os que dele comerem, jamais poderão morrer, e sendo a morte ou a vida eterna da essência espiritual, não pela forma material e sim pela forma verdadeiramente viva, vislumbraram eles a forma eterna da plenitude de Deus, os quais todos que dele comerem jamais morrerão, em vossas unidades pela verdade celestial de Deus, isso quer dizer, estavam eles diante da eternidade do Criador, em forma eterna, nascido da fonte de luz Dele mesmo, que nunca matará os que nela crêem.

E após crerem e conhecerem a verdade que lhes era propícia, não eram mais sedentos e esfomeados de fome de conhecimento e evolução, logo, tornaram-se pescadores não de peixes, mas de almas, para disseminar tudo aquilo que aprenderam e que os tornavam conhecedores e evoluídos espiritualmente.

E sendo o reflexo do próprio Mestre em terra levando os mesmos ensinamentos e dividindo-se também aos povos, pregaram a vossa doutrina e ensinamento a todos os que ainda tinham fome e sede de entendimento, porque é o entendimento e o conhecimento sobre Deus a única forma de ganhar a vida eterna nos braços eternos do Pai.

CAPÍTULO 8
QUARENTA NOITES E QUARENTA DIAS

"E Jesus cheio do Espírito Santo, voltou do Jordão, e foi levado pelo Espírito ao deserto. E quarenta dias foi tentado pelo diabo, e naqueles dias não comeu coisa alguma; e, terminados eles, teve fome"
(Lucas 4: 1,2)

E sendo Jesus, Espírito de Deus, nascido da fonte de luz, conhecedor de todas as forças e energias espirituais os quais carregava, porém, sendo ao mesmo tempo, ordenado a nascer e a caminhar em forma de homem dentre os homens, se fez necessário que fosse apresentado aos sentidos e sensações, os quais rodeiam e sentem os homens em carne material, para que pudesse conhecer ele mesmo, todas as formas de desejos e tentações, que são expostos os homens, motivos pelas quais os fazem se corromper e em nome de nada se desviarem. E assim cumpriu o desejo de vosso Pai celestial, quando o ordenou que nascesse homem, como todos os homens da terra, em que caminhava, pois dele não fora retirado nenhum direito, os quais tinham os demais homens.

Por isso, era o Filho de Deus, que nascido em carne material, aquele que deveria materialmente também ser apresentado a todos os desafios, os quais seriam estes os desejos e as vontades de terra, para ser preparado para a vossa labuta espiritual, em nome de vosso Pai.

Portanto, fora ele igualmente tentado, ou seja, apresentado a todos os desejos e delícias de terra, antes de ser, pela quantidade de dias, que lhe fora ordenado, que se abstivesse de todas as tentações, para que purificado em matéria carnal fosse, assim como purificado, nobre e elevado em espírito, já era.

E esteve Jesus durante quarenta dias no deserto isolado do mundo, de onde nascera, e afastado de todas as tentações, prazeres e delícias da vida material, que poderia ele, mesmo sendo espírito ordenado e determinado a missão sagrada em nome do Deus, mas devido a vossa também matéria carnal, dotado de sentidos e sentimentos, se entregar as vontades mundanas, se acaso não conhecesse a si mesmo em unidade material, composta igualmente aos demais homens com desejos e vontades, justamente por serem as tentações e vontades mundanas algo terreno, e não espiritual, do qual era ele já conhecedor.

Porém, sendo o elo terreno um campo espiritual altamente forte e nutrido de energias espirituais, os quais podem os homens utilizar em vossos favores para exercer o bem e exercer o mal, conforme as vossas vontades. E sendo ele o Filho descido com as energias e forças de vosso Pai, necessitava que fosse retirado da própria terra, estando ele em terra, para que se autoconhecesse, assim como devem conhecer todos os homens, que em terra estão, para que desta forma compreendam as vossas forças, as vossas fraquezas, os vossos poderes e ordenações e atuem pela verdade, em nome da verdade, que é Deus.

Por isso, esteve ele durante os dias em que distante das energias e vibrações materiais se afastava e descansava seu corpo e a sua unidade, conhecendo a si mesmo de forma espiritual e material, bem como aprendendo como utilizar as vossas forças e energias em nome daquele que é o Criador, que o ordenou a ser o vosso Filho, espelho de vossa verdade e de vossa santidade.

Então recolhido, espiritualmente, da própria terra, não comeu ou bebeu por quarenta dias, ou seja, não se alimentou das verdades da terra, ou se entregou ao desejo de gozar de tudo o que a vida lhe poderia proporcionar, se acaso se oferecesse também a vida, sendo ele portador de grande poder e força de transformação material e espiritual, que nenhum outro ser detinha em campo material.

E esteve ele distante de todas as tentações, das quais se faz a fome de conhecimento material do homem, que é nascido em terra, onde muitos homens, após conhecerem, se empapuçam, e por se empapuçarem, se desviam das coisas boas, para construir e elevar por si mesmos, em busca de glória material. E sendo ele nascido igualmente em terra de homens, para ser espírito Filho de Deus, porém homem nascido da mesma terra, onde todos os desejos e tentações parecem ser mais apetitosos, do que o alimento do espírito, que é a verdade celestial, fora ele durante este período apresentado de forma espiritual as coisas da terra, para conhecer quais eram os desejos e as tentações que os fazem ser nascidos de Deus, porém desgraçados de si mesmos.

Não que tivesse ele uma escolha a fazer, mas porque era homem igualmente a todos os outros, cheio de desejos e vontades, e após ser erguido, seria ele a maior força de alteração e de transformação em terra, força esta que lhe concederia tudo o que os desejos e as tentações poderiam conquistar pela arrogância de mostrar-se grande e poderoso em terra, satisfazendo apenas os desejos daqueles que se empapuçam e caminham em direção a morte do próprio espírito, se acaso não fosse este o filho escolhido para esta determinação.

Então, absteve de alimentar-se de toda e qualquer forma de vida material, ou de conhecimento mundano, onde a carne se nutre de falsa verdade e verdades criadas, afastando-se do que realmente lhe é verdadeiro, o vosso Espírito.

E assim, fora ele, pelo período de quarenta dias, tentado pelo diabo, ou seja, colocado face a face com todos os desejos e mentiras e inverdades criadas para satisfazer as vontades dos homens de vossas próprias maldades, maldades representadas pelo arquétipo nomeado de diabo. Não que tenha sido provado pelo diabo através de uma forma, uma pessoa, uma figura maligna ou uma entidade espiritual ruim e sim, apresentado as mentiras, as falsidades, às formas de arrogâncias, aos desejos imundos e tudo o que é danoso e ruim ao homem.

Porque este não parte de nenhum campo ou essência diabólica a não ser do próprio encarnado que envereda por escolhas más. Pois o dito diabo não é uma coisa ou uma pessoa ou uma unidade que induz nenhum ser vivente ao erro e ao dano e a maldade, o ser vivente é quem cria os próprios maus conceitos, as más idéias, as más ações e os nomeia como sendo diabos e satanases os dando poderes e os temendo como se fossem verdades satânicas escritas no livro divino; porém se baseando em crenças criadas e empodeiradas por ele mesmo.

Isso quer dizer que foram as tentações do demônio, as tentações da terra, que ele conheceria e aprenderia, devido ao fato de ter nascido homem para igualmente experimentar a vida terrena e conhecer as vossas dores, prazeres e lamentações, como qualquer outro homem viera também experimentar. Porém, era ele portador de muitas forças e unidades de forças, os quais são estas as próprias unidades espirituais nascidas das fontes de energia e de luz do Senhor Deus. E por isso, jamais, poderia a missão terrena que adentrou falhar, portanto fora ele apresentado a terra e alimentado da própria terra, sem que da terra tenha sido necessário se alimentar.

E sendo ele portador das energias mais puras e nobres, envoltas nos mistérios divinais, se acaso não conhecesse a si mesmo, as tentações do mundo e a vossa missão junto ao Pai, poderia perder-se por desejar pertencer a terra e tentar em troca de vossa força e magia espiritual controlar e fazer prostrar todos os homens da terra, aos vossos poderes e forças, que não eram seus.

115

Portanto, seria a vossa caminhada terrena sem o conhecimento de si mesmo, diante das tentações da carne, a mais arriscada e desastrosa missão espiritual, a que um espírito poderia adentrar. Porque era ele o mais poderoso e majestoso homem em terra, atuando com as forças de Deus, e se acaso não conhecesse a vossa missão e a terra de onde estava ele adentrado seria mais um homem agindo por vossa própria glória em busca de poder material para vos abastecer e nutrir a própria carne.

E sendo ele espírito cheio de magias e de mistérios abastecidos pelo próprio Criador, fora para distante dos olhos dos homens e próximo dos anjos, que os apresentavam a vossa própria caminhada, para que pudesse com toda a luz ou a unidade de forças sobre a autoridade de vosso Pai, caminhar por tudo aquilo que o tornava espírito em unidade de forças, cujas forças eram as energias que lhe fazia o Filho primogênito, e que, por isso, poderia ele exercer por vossa própria autoridade divinal todos os feitos, pródigos e obras sem antes pedir a vosso Pai autoridade em nome da gloria e da verdade. Mas tudo isso para elevar o vosso santíssimo Pai e não a ele mesmo.

E, vencendo a vossa batalha travada consigo mesmo, conheceu todos os alimentos e cálices de bebidas que a terra lhe poderia apresentar, porém, não alimentou-se de nenhum deles. E após os quarenta dias de reclusão de todos os sentidos e conhecedor de todas as forças que possuía, era ele o Filho de Deus, conhecedor de si mesmo, atuando em nome do Pai, que jamais falharia em vossa ordenação, porque conheceu ele mesmo o vosso poder e a vossa unidade santificada para erguer, não o vosso, e sim o nome de vosso Pai. Porque a vossa glória, assim como não fora nascida em terra, jamais poderia ser erguida em terra, e sim diante do trono de vosso pai, que o criou e o fez Espírito e homem para ser homem digno e espírito leal e fiel levando a vossa verdade.

Ora, mas não fora Jesus nascido da carne, tampouco das verdades mundanas para que pudesse apenas por um instante falhar em vossa missão terrena, assim, como jamais falhou o Criador, quando em terra de homens encaminhado o vosso primogênito, filho único nascido da ordenação de ser e de cumprir a vossa ordenação. Mas fora ele nascido onde a glória de terra muitas vezes é elevada acima das vontades do Pai, por isso precisava ele mesmo ser conhecedor dos desejos e das vontades que abastecia a carne, antes de iniciar a vossa jornada celestial em terra, não que pudesse este ser tocado ou violado pelos homens da terra, porém se fazia necessário que conhecesse quem de fato era a vossa unidade homem, assim como conhecia a vossa unidade espiritual.

Porque fora ele nascido, assim como qualquer outro homem, em carne material, para ser Espírito e Homem, e é o homem aquele que experimenta e vislumbra, de forma carnal e não espiritual, embora pudesse ele vislumbrar e experimentar as duas formas de existência, mas fora a forma material abastecida em carne terrena apresentada a ele somente naqueles dias.

CAPÍTULO 9
LEVANTA-TE E ANDA,
A CURA ESPIRITUAL

> "*E Jesus vendo a fé deles, disse ao paralítico: Tem bom ânimo filho, perdoados te são os teus pecados... Pois, qual é mais fácil fizer: Teus pecados te são perdoados? ou dizer, levanta-te e anda? ...Jesus, porém, ouvindo, disse-lhes: Os que estão sãos não necessitam de médicos, senão os que estão doentes. Mas ide, e aprendei o que significa: misericórdia quero, e não sacrifício. Porque eu não vim a chamar os justos, mas os pecadores, ao arrependimento*". (Mateus 9: 2,5, 12, 13)

Ora, que tinha Jesus poderes para fazer andar, enxergar e curar as feridas materiais do corpo orgânico, já sabia os homens, mas que tinha poderes igualmente para libertar os pecados do espírito, assim como chamam os erros as falhas os danos e os desequilíbrios espirituais, ainda não sabiam.

Por isso, mais fácil do que restabelecer ou fazer andar ou enxergar aqueles que penavam em terra vossos lamentos, pelas dores da carne, era fazê-los compreender que o mesmo que lhes faziam andar ou enxergar era ainda aquele que os fariam libertar de vossos erros e danos, os quais faziam contra vossos próprios espíritos, quando se entregavam as idolatrias e deuses de inverdades, os quais nada lhes davam, além de mais dores e sofrimentos, não devido as vossas condições materiais, orgânicas, e sim pela busca daquilo que terrenamente jamais existiu para lhes curarem a carne assim como o espírito.

Então, levantar e andar não se referia apenas pelo fato de reconstruir aquilo do qual a matéria lhe tinha feito em terra, conforme a vontade e o desejo do Senhor Deus, porque é o Senhor, o Santíssimo Deus, que não falha em vossas criações tampouco em vossas determinações, porque considerar o fato de ser nascido diferentemente dos outros seres é o mesmo que acreditar que o Criador tenha errado ou falhado com a vossa unidade material, porém o Criador jamais errará com nenhum de vossos filhos, nascidos de vosso seio, pela ordem de ser para exercer exatamente aquilo que estava aquele ser preparado e, em vosso momento, sublime de ser e exercer o que lhe pertence.

É mais fácil do que dizer ao doente que se levantasse e andasse, porque sabia o enfermo que era Jesus capaz de fazê-lo andar, era restabelecer a crença e a fé em Deus, o único Espírito salvador, capaz de lhe fazer andar e também capaz de lhe conduzir em crença e em verdade aos reinos celestiais Dele mesmo.

Porque tinha o enfermo, crença em vossa sagrada unidade espiritual, ou seja, tinha o enfermo, verdadeira fé, de que seria ele curado de vossa enfermidade, porém era preciso mostrar-lhes que o mesmo Deus, capaz de curar e restabelecer a matéria orgânica, era igualmente capaz de perdoar os erros ou os pecados e restabelecer os vossos espíritos, pois ainda que não tivesse o pobre enfermo nada que o retirasse a devoção e a verdade naquele momento, precisava ele mesmo e todo o povo saber que o mesmo Deus, que curava o corpo, era também que curava o espírito através do Espírito Santo.

Então, quando dizia Jesus que perdoados eram os pecados daquele que acabara de curar, não porque este tinha pecados ou erros, e sim como forma de lhes mostrar que bastando ter crença verdadeira em vosso filho, curado era em sua totalidade. Porque era o filho a representação do Pai sobre a misericórdia divina que restabelece todas as enfermidades e moléstias do corpo assim como todos os medos e angustias da alma. Mas era preciso saber que, assim como tinha autoridade e força divina de curar o corpo, tinha também autoridade e força divina para curar e limpar os erros do espírito.

Portanto, mais fácil do que dizer que curado estava para que pudesse andar, era mostrar-lhe que curado estava para andar devido a sua crença e esperança e fé em Deus e em vosso filho salvador, porque é a vossa unidade espiritual a força divina de luz, que cura não somente o corpo como também a unidade existência do espírito pela crença e pela fé.

E sendo todos conhecedores de que poderia o mesmo Deus, que curava o corpo, curar também a alma, os libertando de vossos erros e danos, não necessitavam prostrarem-se, espiritualmente, aos deuses de inverdade ou a idolatria, que nada vos traziam, nem para o corpo tampouco para a alma. Assim poderiam restabelecer as suas crenças ao Espírito Santo, o único Espírito capaz de conceder tudo aquilo de que necessitavam, porque somente a crença e a devoção em Deus único é que poderia os libertar de todo o mal já alojado em seus espíritos assim como limpar todas as feridas já espalhadas. Porém para alcançar a plenitude de ser abençoado em totalidade era preciso crença verdadeira, devoção, amor e lealdade, mas isso era o que menos tinham os homens a ofertar naquela época.

Não que adentrem aos céus os erros e pecados que os homens fazem, porque a eles ficam retidos em seus espíritos até que sejam totalmente limpos e apagados no momento em que a morte ganha vida verdadeira na hora do desencarne, mas porque são os erros chamados de pecados, as conseqüências da vida terrena onde os causadores dos erros não atentam somente contra si mesmos, mas sim contra o próximo o submetendo as suas próprias dores e pesares que pertenciam somente ao individuo que a produz, desta forma trazendo graves conseqüências a todos os encarnados que no mesmo campo se encontram, uma vez que são todos, embora espíritos individualmente guiados trilhando as suas lições espirituais e missões, são todos envolvidos pela grande fraternidade que são os laços materiais que os constituem e que não podem ser quebrados ou arrebentados, porque o motivo do desequilíbrio de um espírito é certamente a razão do desajuste do outro.

Mas todo o mal que é produzido em terra e que parte das intenções dos desejos e das ações más é de forma intrínseca sentido por todos aqueles que as praticam como sendo algo errado da qual não deveriam praticar, pois possui consequência maléfica nomeada de pecado. Logo, é o pecado a raiz de muitos desajustes, desequilíbrios e danos entre as pessoas, causando em sua mais grave intenção guerra, fome, peste, desavença e toda forma de maldade da qual se pode existir em terra. Porque é o pecado em sua forma mais bruta a destruição de todos os seres que caminham em terra em busca de paz e liberdade.

Por isso, a intenção de os libertarem de seus pecados era lhes abrir o conhecimento a cerca das conseqüências sobre os erros e a forma em que poderiam se redimir e não mais errar uns para com os outros, pois no momento em que retirava o erro de suas mentes, retira-se também a energia que os faziam errar por acreditarem não estarem fazendo nada além daquilo que era comum praticar e desconhecerem suas próprias unidades espirituais bem como a existência de vida após a morte da vida terrena que muitas vezes era motivada pelos desejos e intenções más deles mesmos.

Mas era aquele momento a hora de mostrar aquilo que somente os espíritos mais elevados ou preparados poderiam compreender, e assim ensinava aos pobres de alma que também curava o filho de Deus, não somente a matéria ou a carne, que finda como também o espírito eternal, porque estes se não compreendessem que poderiam ser curados também através do espírito e liberto de seus pecados, onde ser liberto dos pecados, era ganhar nova alma ou receber a remissão e a limpeza espiritual para continuar a sua missão de forma mais honrosa e branda, jamais se curariam das enfermidades causadas pelos erros, desejos e idéias mas, que ao invés de ajudarem a construir e erguer boas obras, conforme as prescrições e os mandamentos sagrados, se entregam às vaidades e fugacidades da terra, enfraquecendo não apenas o espírito e o corpo como também, e afundando-se espiritualmente nos campos de onde não deseja o criador que vossos filhos estejam, seguem pelos caminhos da morte do espírito.

Porque era a missão espiritual do Filho do homem apresentar ao seu povo, povo aquele que foi ordenado e determinado caminhar e ensinar através das coisas da terra, o único e verdadeiro reino de vosso Pai, o qual é a fonte única de cura, amor e salvação, porque neste não existem dores, lamentos ou doenças, e todos que andarem em direção a vossa luz e vossa dignidade eterna, jamais caminharão sobre os erros, os danos, as dores ou os pecados. Por isso, viera Jesus cumprir as leis de Deus em terra de homens, porque estas que foram trazidas por Moisés, já se encontravam esquecidas ou deturpadas, devido aos longos anos que afastavam as boas obras e os ritos sagrados de preparação espiritual perpetuados pelo próprio Senhor Deus, pois naquele momento caminhavam os homens bem distantes das boas ações ou das verdades espirituais a eles prescritas.

E era o povo daquele tempo errante e caminhante das inverdades e da idolatria, entregues aos desejos de terra, sem necessidade ou ordenança, ou ainda sentido espiritual como forma de libertarem-se das dores, lamentos e falhas, porém os vossos atos e ofertas, baseados em vontade de homens sem ordenança ou determinação sagrada, pelo Espírito Santo ou vossos servos, os espíritos não Santos, lhes traziam mais lamentos e dores, que ajustes e restabelecimento das energias, fluidezes e emanações boas, para que caminhassem sobre os caminhos bons pela busca de vossas salvações.

Sendo assim, mais fácil era ao Filho do homem dizer para aqueles que restabelecia diante das dores ou dos tormentos espirituais, que eram os vossos pecados perdoados ou apagados e esquecidos, e que não mais errassem em nome de vosso Deus, porque ele que é o único Espírito sagrado nascido à destra do Criador, capaz de ler o livro da morte e da vida, e retirar aqueles que para o campo de remissão deverão adentrar, o fazia libertando também os espíritos danosos e errantes de vossas falhas e descaminhos em terra. Por isso, dizia ele a todos os errantes, os quais os libertavam das dores dos campos da dor e da morte, que não mais caminhassem nos erros da carne, porque se acaso caminhassem novamente sobre os erros, não mais estaria ele na mesma terra para libertá-los de vossos próprios danos espirituais. Porque tão logo, deveria ele regressar ao vosso santo e sagrado trono de onde encontra-se a vossa única e verdadeira morada, deixando em terra apenas os ensinamentos para a correção e libertação dos erros, falhas e descaminhos.

Por isso este que vos curava pela crença, pela esperança e pela fé não necessitava de sacrifícios ou imolações idólatras, os quais não haviam sido imolados para que as vossas preces pudessem ser atendidas e santificadas. Não que as obras santas e sagradas de vosso servo Moisés estavam sendo em vossas totalidades desrespeitadas, mas porque era aquela época uma época de povos desordenadamente incrédulos, falsários e errantes, em nome de Deus, vendendo aquilo que os povos não necessitavam em busca de nada que vos pudessem aliviar ou ajudar aliviar suas dores carnais ou espirituais, porque aqueles que sequer conheciam Deus, jamais poderiam lhes entregar algo que fosse verdadeiramente pelo nome Dele; mas sim pelo poder terreno, pela autoproclamação, como forma de possuir poder material em terra, em troca do que custava o dinheiro.

Mas é certo que, possui o filho único de Deus o poder sobre o corpo e a alma, porém, necessitava o povo, naquele momento, compreender as falhas em relação as vossas obras e desejos puramente materiais, porque não era a deficiência física que lhes afetava a caminhada, mas sim a falta de evolução, sabedoria, conhecimento e prática correta, tanto das leis quanto dos ritos e obras ensinados por Moises, para que pudessem tornar-se mais unidos e praticantes da verdade e, assim, andarem sobre a única e possível verdade, a caminho das promessas de cada um.

Portanto, não era o caminhar pelas ruas com pernas materiais e sim levantar e caminhar pelas trilhas santas e sagradas, por terem vossos erros e pecados perdoados, ou apagados por aquele, que é o único espírito capaz de erguer um espírito errante do vale das trevas, porque ela ele o único que em terra de homens tinha autoridade de curar e restabelecer o corpo e a alma.

Por isso, todo aquele que depositasse crença e fosse, em nome de Deus, através de vosso filho único seguidor da verdade, teria os seus erros perdoados, não pelo perdão das falhas dos erros da terra, mas sim pelo poder de libertar assim como os erros da terra os erros do espírito, por isso dizia ele para que não mais os cometessem, porque não mais estaria diante deles na mesma terra para novamente os perdoarem ou os libertarem de vossos danos.

"*E chamando seus doze discípulos, deu lhes poder sobre os espíritos imundos, para os expulsarem, e para curarem toda a enfermidade e todo o mal*" (Mateus 10: 1)

Mas libertar dos erros, ou dos pecados, era conceder novamente o direito de que purificados em essência o fossem, porém para que pudessem ser libertos de vossos erros, e perdoados em vossas falhas, se fazia necessário que errantes servos da idolatria ou dos desejos que consomem a matéria e a alma fossem. Por isso, caminhava o servo filho único de Deus, em busca daqueles que mais precisavam dele, porque doentes muitos estavam, mas não eram os doentes de corpo os que mais precisavam de vossa misericórdia e bondade, ou os que erros ou falhas tinham em vossos espíritos, e sim aqueles cujas feridas expunham as vossas carnes, assim como expunham os vossos espíritos. Isso quer dizer, aqueles que devido suas existências danosas causavam verdadeiro mal aos outros.

Por isso, buscava perdoar não pela carne que finda, mas sim pela cura espiritual através da cura misericordiosa, porque não descera este para julgar, condenar ou descumprir uma ordem divina, e sim para apresentar os caminhos bons, sobre as boas obras de Deus, porque são as boas obras de Deus o caminho da verdade, que os farão adentrar as casas celestiais e alcançar suas promessas e salvações. Pois, a fé nas boas obras, e a crença em vosso sagrado nome, são as únicas verdades de que o Criador necessita para lhes conceder a cura espiritual, porque ainda que o vosso filho tenha todo o poder de cura a ele concedido, porque é ele espírito sublime detentor das fontes de poderes e de luz, somente o desejo verdadeiro do homem, com a permissão de Deus, pode, em verdade, trazer a cura, seja para o corpo seja para o espírito.

Portanto, mostrava-lhes o caminho da cura divinal, para que todos os que desejassem curar-se de vossas próprias dores, angústias, lamentos e feridas de corpo e de espírito, não mais andassem perdidos, com olhos vendados, e sim sábios e conhecedores das forças e dos poderes de Deus, o Criador, e dele se abastecessem em amor e em verdade, seguindo as vossas ordenações e os vossos mandamentos sagrados.

Mas conhecia o Filho de Deus, exatamente os homens com quem caminhava, assim como conhecia as vossas intenções e desejos de trilhar caminhos tortuosos para abastecerem-se de poderes mundanos e glórias fugazes nascidas de nada. E conhecedor dos pensamentos e vontades, sabia que a vossa missão não era levar o remédio, o alento e a cura para aqueles que doentes não estavam, pois o motivo de nascerem diferentes em carcaça material, não lhes tornava adoentados perante Deus ou perante a terra, porque doentes estavam aqueles que derramavam vossos desejos imundos de terra sobre as vontades de quem lhes criou e ordenou a caminhar em direção ao que é correto, ou ao que não é.

Ora, mas fora o cego, o coxo, o endemoninhado ou o que se encontrava em seu leito de morte, dos quais fora Jesus em seus encontros, os causadores de todo o mal ou os maiores errantes e pecadores daquela época, pois estes cumpriram suas missões de encontrarem-se com o filho de Deus durante suas jornadas materiais frente as suas dores para que aqueles que verdadeiramente causavam a dor da matéria aos outros pudessem conhecer aquele que curava o corpo e libertava a alma dos pecados e reconhecerem-se em suas existências interiores danosas antes de matarem o filho de Deus, caso contrário, o teriam matado sem antes o conhecerem ou saberem de vossa força e poder divino.

Mas conhecendo as vossas doenças, reconhecia que vossa missão era ele o remédio divinal que curaria aqueles que andavam à procura de salvação e misericórdia verdadeira, por isso eram os vossos pródigos, alterando as unidades nascidas da vontade de vosso Pai celestial, a glória divinal, mostrando que sacrifícios de terra, além de não serem necessários para alcançar a clemência misericordiosa do Senhor, as marcas de sangue que estas deixam por sobre a terra, não são capazes de limpar o chão, onde devem eles mesmos pisar até encontrar os caminhos certos, que os levem aos reinos dos céus.

E ainda que conhecessem muitos de vossos feitos e obras erguidos em nome de vosso Pai, eram todos os milagres, exercidos para que os vossos poderes e glória eterna fossem erguidos através do vosso filho em terra, porque não era Jesus por si mesmo, mas pela ordem sagrada, o servo representante da fonte de energia e de luz capaz de fazer mudar, transformar e alterar todas as coisas materiais e espirituais, conforme a própria vontade através da alteração das energias entregando nova matéria ou novo espírito, sendo por meio da utilização das forças que o guiavam ou através das palavras sagradas que proferia, porque estas assim como as vossas mãos tinham o poder de Deus.

CAPÍTULO 10
A ESPADA DA VERDADE

"Eis que vos envio como ovelhas ao meio de lobos; portanto sede prudente como as serpentes e inofensivos como as pombas... Não cuideis que vim trazer a paz à terra; não vim trazer a paz, mas espada" (Mateus 10: 16,34)

Ora, mas não nasceu o Filho de Deus, na terra para pregar a vossa paz, utilizando-se daquilo que o povo não conhecia; a paz celestial, mas sim utilizando aquilo que todos conheciam bem; a força da espada. Porque não era o filho único nascido, para ser a luz do mundo, pela paz do Criador pouco conhecedor da terra e do povo, do que iria caminhar bem como a fluidez e emanação espiritual da força e da energia, que circulavam dentre os homens daquela época. Portanto, quando proclama que não viera para trazer a paz, não quer dizer que veio para trazer a desavença, a angústia, a guerra ou a desgraça ao povo, porque é ele Espírito nascido da luz celestial e da paz eterna do Criador. E, portanto, apenas pode dar aquilo do que possui, mas quando diz que não veio trazer a paz não é porque veio trazer a guerra e sim porque veio trazer a luz divina para aqueles que conheciam apenas o ranger de dentes pela força da guerra, da luta e da espada da dor.

E ao iniciar a vossa missão de trazer a paz, em nome de vosso Pai celestial, em meio à grande tribulação, seria ele o mesmo que a espada da discórdia e da desavença erguida a todos os que apenas a luta conheciam, tanto como forma de sobrevivência quanto forma de labutarem as vossas existências em campo material. Não que fosse ele ordenado para causar a desunião ou a guerra entre os homens, porém, tudo o que era, contra aquilo que conheciam, pregavam e caminhavam, era como a própria espada levantada, contra as vossas verdades e crenças que se debruçavam, viviam e por ela morriam.

E sendo ele nascido da ordem sagrada e descido sobre uma ordenação suprema de restabelecer a paz, a união e a verdade, em nome de Deus Pai, era a própria espada apontada aos homens que, da idolatria, da falsidade e das falsas verdades caminhavam. Porque esta que se levantava em forma de Filho de Deus, em direção ao povo, fazia também levantar do povo aquela que se erguia em forma de ódio, desprezo e revolta contra ele, em favor de todos os que acreditavam em vossas próprias verdades e depositavam fé naquilo que acreditavam como sendo a única verdade de terra, desprezando a única e real verdade celestial, capaz de lhes apresentar o único caminho que os levariam as vossas salvações, tanto da carne quanto do espírito.

Por isso, era ele a própria espada que colocaria em discussão as certezas mundanas que tinham os pais e não tinham os filhos, os quais tinham as filhas e não tinham as mães, e tinham as noras, mas não tinham as sogras, ou todos os que pudessem ir contra ou a favor da verdade, causando assim discórdias, brigas e desunião entre os próprios familiares, porque são os familiares os elementos espirituais mais próximos uns dos outros, em campo terreno, que fora ordenado pelo próprio Criador, lhes concedendo o direito de laços materiais, para que sejam uns o alicerce dos outros, para que unidos pela mesma verdade, possam juntos caminhar em direção as vossas liberdades espirituais.

Portanto, não que fosse ele o causador das desavenças entre as famílias, mas sim o elevar da espada da desunião, em favor da paz, que os homens não conheciam, mas brigavam para que a desarmonia, a desunião e a desgraça não adentrassem as vossas moradas, porém a erguia mais ainda, diante do desejo, da idolatria e das inverdades, que já estavam habituados a conviver. E por isso lutariam contra a luz, e a paz, em força de verdade, que poderiam receber, e sobre a luz divina da harmonia e da graça viver em união pela mesma e única verdade.

Mas vejam vocês, se não era Jesus, o filho único de Deus, nascido da terra, conhecedor daquilo que veio fazer, trazer e exercer em nome de vosso Pai, e por isso, bastante conhecedor em relação às vontades do povo daquela época, seus costumes, suas crenças, descrenças e idolatrias, bem como as necessidades e desejos materiais, os quais se iludiam e se autoproclamavam reis e nobres homens de terra, superiores em unidade aos demais seres, que de vossas coroas que prostravam para que não morressem todos, pois eram os nobres senhores, comandantes dos povos e das terras, os seres mais poderosos, os quais conheciam os homens, por isso, morriam ou matavam em vossos nomes, porque assim se alimentavam e viviam.

Mas era aquele povo de costumes errantes, um povo de olhos vendados, que lutavam e guerreavam as vossas próprias vidas, em nome daquilo que ordenavam os reis de nada, ou seja, os únicos seres poderosos e majestosos, detentores da força e do poder, cujos povos que se abasteciam de vossas inverdades e soberanias conheciam.

Por isso, era o reino celestial, do qual vinha Jesus trazer aos povos algo muito distante da capacidade de entendimento e da sabedoria, ou da evolução de muitos deles. Portanto, continuariam a lutar em nome do rei de terra, ou o único rei, do qual era o reinado conhecido por todos eles, juntamente com suas tropas e homens, prontos para matar e morrer por vossos nomes, se assim fosse ordenado. E era o Filho de Deus, diante do tempo em que apenas um reino e um rei eram de conhecimento do povo, a própria espada erguida contra aquilo que era a verdade que poucos sabiam, porém preparados estavam para lutar em favor daquele reino que lhes era de conhecimento e de fácil entendimento.

Por isso, era Jesus, o Filho de Deus, o servo divinal, nascido do Criador e descido do reino celestial de vosso Pai eterno, para lhes apresentar o vosso reino, e lhes trazer a vossa paz, sendo o único, junto aos homens, conhecedor das fontes de energia e de luz do Senhor, o causador da desavença e da discórdia entre os homens, contra a vossa paz que viera ele pregar.

Ora, mas não era o vosso sagrado reino e de vosso Pai eterno um reino de terra, por isso, não seria o Reino de Deus de fácil compreensão ou de fácil entendimento aos próprios filhos de Deus, pois em terra, apenas uma forma de reinado lhes era de fácil entendimento, ou seja, os palacetes construídos de pedras e tijolos, os quais os homens mais fortes e poderosos se abrigavam, bem distante da capacidade de compreensão e entendimento daquele povo, que da coroa e das ordens dos deuses criados por eles mesmos viviam. Por isso, era aquele que trazia a verdade celestial a própria espada erguida contra os deuses dos reinos de terra, que o povo conhecia, admirava depositava crença e se prostrava.

E sendo o único conhecedor daquele reino, daquela instância ou daquela forma de vivacidade, em que a própria unidade jamais se finda para aqueles que a compreendem e aceitam as palavras e verdade, era ele a própria desavença recoberta de morte em forma de lança apontada a todos aqueles que, ao rei de terra, cuja a coroa lhes era a autoproclamação da sustentação de seus poderes contra um reino de Deus, que sequer poderiam compreender os mesmos que lutariam para defender a honra de um povo já nascido desonrado. Logo, não era ele o carregador da paz, porque a paz representava servir as crenças más, as ideias más e as vontades e desejos mundanos, mais tortuosos e insanos que a própria hombridade que carregavam. Por isso, para estes representava o filho da verdade a discórdia e a guerra, apontada para as vossas faces, em forma de desgraça e malfeitorias.

Mas o reino perante o qual estes se prostravam era o mesmo reino de onde se encontravam aqueles que, em busca da verdade, não da paz que desejavam, desejavam a força da espada para firmarem as vossas verdades mundanas, ainda que estas lhes causassem a morte, porque a morte que mais causava temor para estes, não era a morte material da carne diante da guerra e sim a morte da desonra de não servir aos deuses de idolatria ainda que estes os tirassem a vida se esta fosse à ordem dos reis da época. Porque eram os homens, pouco conhecedores da verdade, que juntamente com a inverdade lutariam fielmente em favor do rei de terra contra o filho de Deus para destroná-lo com o mesmo fio de espada, que ele mesmo erguera dentre os povos.

Por isso, alertava o Mestre os vossos discípulos em relação aos vossos caminhos, porque eram eles não os representantes daquele que carregava em vossa destra celestial o mastro da bandeira da paz, mas sim o carregador da espada da discórdia pronta para ferir aqueles que desejavam continuar aos vossos modos, servindo a idolatria insana, os desejos do mundo, pela troca de nada ou mais inverdades de terra.

E a verdade que carregava era o elo espiritual que separaria os homens sedentos de idolatria dos homens famintos de verdades e novas formas de caminhar as vossas existências, e estes se misturariam, dentre os homens de muita ou de pouca fé, porque eram estes os mesmos que constituíam as famílias, os agrupamentos e os grupos de adeptos das mesmas ordens ou das mesmas doutrinas de terra, uma vez que eram todos regidos por um único rei, debruçado em vossa também falsa majestade, em favor de exterminar o reinado de terra daquele que coroa não tinha em vossa cabeça, mas se dizia filho do Rei dos reis. Mas o único reinado que conheciam e se prostravam era o reinado do rei de homens e de lobos nascido do pó da terra.

Por isso, era ele a própria espada, apontada para aqueles que desejam a verdade, e aos que desejam continuar com vossas falsas verdades, porque estas embora não os alimentassem os espíritos os alimentavam as fantasias e crenças mundanas, das quais viviam e se empapuçavam fartamente.

E embora fosse nascido do amor e da misericórdia divina não representava para muitos nem o amor, nem a misericórdia, tampouco a paz, porque estes não conheciam a paz, apenas acreditavam viver em busca dela frente as vossas lutas e guerras, mas eram os seus desejos recobertos de sangue de ódio e de desgraça, tentando encontrar a paz através do poder e da autoproclamação, bem distante daquilo que era a única forma de se viver em paz, que é por meio do amor e da misericórdia.

Mas firme em sua missão, caminhava Jesus, com a paz em vossas mãos, andando na mesma terra onde desejavam que o fio da navalha adentrasse em vossa pele, porque assim saberiam viver em paz, não a paz que acalma o espírito e tranqüiliza a alma, mas sim a falsa paz, que cala a boca e ensurdece a fala.

E esta, ainda que lhes trouxesse dor, ódio e sangue, era a agulha que separava a verdade da inverdade, a idolatria da certeza, a injustiça da justiça, porque era a injustiça dos homens também a única forma de julgar os certos e os errantes frente as vossas obras, desejos e vontades.

Portanto, era ele o homem que, pela busca de lhes apresentar a verdade celestial, ou a única verdade capaz de lhes salvar de vossas dores e lamentos, igualmente nascido da vontade de ser feliz e caminhar em harmonia e paz, a própria lança que dividiria o povo, cujos caminhos da libertação eram o mais sangüento e doloroso, não apenas para ele, mas para todos os que acreditavam e viriam a crer em vossas palavras, pela única e verdadeira salvação.

CAPÍTULO 11
FILHOS DE ABRAÃO
OU FILHOS DE POUCA FÉ?

"Responderam, e disseram-lhe: Nosso pai é Abraão. Jesus disse-lhes Jesus: Se fôsseis filhos de Abraão fariam as obras de Abrão... Tendes-vos por pai ao diabo, e quereis satisfazer os desejos de vosso pai. Ele foi homicida desde o princípio, e não permaneceu na verdade, porque não há verdade nele. Quando fala mentira, fala do que lhe é próprio, porque é mentiroso, e pai da mentira. Mas porque vos digo a verdade, não me credes" (João 8: 39,44,45).

Ora, mas era aquele povo um povo de pouca fé, nascido, não da verdade de Abraão, e sim das próprias verdades de si mesmos, porque não são as verdades de terra as verdades espirituais trazidas pelos servos espirituais do Criador, para serem disseminados e perpetuados pelos homens, mas sim os desejos, as ações e as ideias más, as quais os homens utilizam para construir vossas fortalezas de terra, e vossos poderes através das falsas verdades, ou verdades imaginárias, de sentidos, de sentimentos de vontades terrenas, porque são os sentidos e sentimentos mundanos apenas experimentados em campo material pela carne, carne que é capaz de criar e recriar desejos e vontades e verdades para abastecer aquilo que, em verdade, sequer existe em campo espiritual, mas ainda assim, nutre e supre os desejos inventados e criados pela carne.

E são estes desejos, alimentados e nutridos pelo o diabo, pois é o diabo o arquétipo do mau, nascido do desejo, da vontade e das ações más, criadas não por uma entidade maligna, e sim pelos próprios homens que enraiza suas crenças más em inverdades as fazendo com o passar dos tempos, serem tidas como verdades, causando assim a dor e o sofrimento de todos. E, por isso, o pai da inverdade de si próprio, e não daquele que lhes ensinou a ser bons e conhecer a verdade espiritual do Criador: Abraão.

Porque eram os vossos enganos, erros e falhas seus próprios anseios de serem nascidos de si mesmos e serem para si mesmos os pais, pais de vossas palavras. Por isso, não eram os homens capaz de crer nas palavras do Filho de Deus, porque não eram eles nascidos de Abraão, isso quer dizer, não eram seguidores verdadeiros de vossas palavras, ou de vossa descendência espiritual patriarcal divina, mas filhos de si mesmos, filhos dos desejos e das vontades de terra abastecidas de inverdades ou verdades criadas para satisfazer as necessidades de terra, portanto, filhos do diabo ou filhos da falsa verdade.

Mas sabia o filho único de Deus de onde vinham as vossas descendências, e estas não eram nascidas de forma espiritual, e sim material, da vontade de erguer e construir, a partir das vontades lastreadas em certezas imaginárias ou criadas para sustentar seus anseios materiais. E, por isso, eram considerados pelo Mestre, filhos do arquétipo do mau, outrora chamado diabo.

Ou seja, eram todos nascidos das falsas verdades, e das necessidades alimentadas pelas inverdades que autodestroem e destroem todos os sentidos e sentimentos bons, nascidos da verdade celestial. E sendo eles nutridos pelas inverdades e crenças más, viviam de forma irreal ou distante daquilo que era o desejo do Criador para eles, satisfazendo apenas suas vontades de natureza material que são as mesmas forças que alimentam a vida-morte que sustenta o caminho da própria falência espiritual e não as vontades pelos desejos verdadeiramente espirituais, os quais tinham o direito.

Portanto, quando dizia serem filhos do diabo, não os colocavam como seres espirituais nascidos de formas e poderes diabólicos, uma vez que são todos filhos sagrados, nascidos do mesmo Deus e do mesmo seio eterno, jamais, nascidos de forças ocultas más, mas sim porque eram seguidores das vontades próprias e dos desejos mundanos de serem abastecidos materialmente por vossas crenças errôneas e imaginárias, e respeito de si mesmos, e não verdadeiramente daquele que lhe ensinara a doutrina verdadeira, bem como os mandamentos sagrados do vosso pai espiritual, o qual chamavam de Abraão, mas sim aquilo que desejavam crer e seguir, para abastecer suas vontades de terra, porque estas eram as únicas certezas que alimentavam o corpo e o espírito em verdade. Verdade material e não espiritual. Mas não porque não conheciam a verdade, mas porque desejavam continuar a alimentar-se de suas próprias verdades. Porque mesmo que da verdade não tivessem sido alimentados em tempos passados, receberam o direito de conhecer, e beber e comer do pão ofertado pelo Filho de Deus, porém acreditavam que os vossos alimentos, nascidos do pó da terra, eram mais verdadeiros e nutritivos que as existências terrenas, assim como os seus desejos materiais.

Porque estes homem, que utilizavam o nome de Abraão, mas nada tinham, faziam, ou disseminavam que fosse similar àquilo que foram às obras de Abraão, o vosso pai espiritual, assim como eles mesmos o nomeavam. Mas sim aquilo que as vontades de natureza terrena ordenavam, pois embora acreditavam cumprir os mandamentos de vosso pai, seguiam vossos preceitos e leis, porém nada do que faziam tinha a mesma verdade espiritual, ou seja, nada que faziam ou erguiam eram, ou se baseavam, nas verdades espirituais de Abraão. Porém este fora também, de fato, digno e fiel às leis de vosso Senhor Deus das quais deveriam todos seguir.

Portanto, todos os atos, vontades e desejos, travestidos de verdades espirituais, eram verdades de si mesmos e não de vossos pais. E eram estas verdades, ou falsas verdades, a destruição de cada um, não pelo desejo próprio de se autodestruir, porém pela vontade má, que nascia de vossas entranhas, a qual era esta vontade o mesmo que o homicídio de si próprio, porque esta que vem de inverdade mata ainda que não seja este o desejo de quem morre por causa dela.

Por isso, são todas as vontades e desejos terrenos, abastecidos de inverdades, incertezas e falsas verdades, homicidas de vossas mais íntimas vontades de caminhar sobre o escuro da noite, acreditando que a luz do dia lhes cegam os olhos. Mas esta, que era a vontade dos homens daquela época, que carregavam e seguiam seus desejos e vontades materiais, pelos caminhos da dor e da autodestruição, nada dizia a respeito das obras de Abraão, e sim de si mesmos, porque eram eles os vossos próprios pais individuais onde cada um pregava e executava a sua própria doutrina sobre o seu próprio comando e ordenação. E assim, pais da mentira, do erro, do engano, do sofrimento ou do próprio homicídio de vossos espíritos.

Mas Jesus não veio para condenar as obras do diabo, ou as obras de terra erguida a troco de dor e sofrimento dos homens que dele se alimentam, uma vez que não veio para julgar ou condenar os filhos de Deus, o qual é ele mesmo um filho sagrado, e sim para erguer tudo o que é verdadeiro, em nome de vosso Pai, elevando a vossa plenitude pela verdade sobre as inverdades, que se manifestam através da carne, por isso, atuava frente o que verdadeiramente é santo e sagrado para mostrar-lhes o que de fato é a casa da verdade.

Não que seja a mentira capaz de se elevar mais do que a verdade, porém esta, que não passa dos campos das dores, encontra maior dor nos elos de remissão e libertação de erros, danos e culpas, e sendo Jesus conhecedor de todas as dores, as quais podem causar os caminhos tortos dos homens, veio para revelar também, e demonstrar de forma viva, as conseqüências das inverdades e falsas verdades, quando estas tentam se impor acima do que é verdadeiro, sagrado, santo e real.

> "Pois Jesus lhe tinha dito: Saia deste homem, espírito imundo!" (Marcos 5:8)

Mas conhecia o filho de Deus tão bem os espíritos e todas as suas formas e extremidades também conhecia os homens e seus desejos e suas vontades. E assim como tinha autoridade para curar as feridas do corpo e da alma libertando os danos e os pecados, tinha igualmente autoridade para expulsar os demônios, isso porque são os demônios os maus espíritos saídos dos confins do inferno que adentraram a este campo espiritual de pesares e dores por serem igualmente eram em campo material de onde foram retirados para pagarem as suas penas no inferno, caminhantes de verdades e vontades próprias que machucam e causam feridas e dores aos demais seres, os retirando o direito espiritual de viverem as suas vidas e missões, por terem sido podados por estes seres indignos que além de interferir em suas vidas terrenas interferem também em suas caminhadas espirituais.

E embora tivesse o filho do homem autoridade para expulsar os demônios, não era esta autonomia o mesmo que caminhar entre a serpente ou o diabo, nascido das vontades da terra. Porque diante do que era verdadeiramente trazido dos confins dos campos de remissão, não fazia ele nenhum tipo de demonstração terrena sobre os espíritos maus para demonstrar a vossa força e poder sobre todos os poderes de forças que possui ele.

Por isso, não fazia nenhum tipo de ritual ou exorcismo sobre os espíritos caminhantes de si mesmos ou andantes de suas próprias verdades, uma vez que, sabia ele, que o demônio assim como o diabo são a personificação do erro, da falsidade, da falsa verdade e das ações e atos maus daqueles que desejavam trilhar caminhos próprios, usando sempre outra unidade em favor da continuidade de seus erros. Porque enquanto um se personifica através da carne em campo material recebendo o nome de diabo o outro o faz em forma de espírito pela forma real e verdadeira que possui recebendo o nome de demônio, porém ambos causam dor, lamento, desequilíbrio, discórdia, desunião e desastres não apenas de si mesmo mas de todos os que estiverem em seu redor, isso porque ambos não apenas atormentam as certezas como sujam as energias daqueles que crentes são, porém fracos de energia se encontra, pois assim adquirem mais energia para continuarem as suas empreitadas.

E sabendo o filho de Deus, que era este o caminho pelos quais caminhavam os homens maus, pregava ele o amor e a verdade, através da manipulação das forças, as quais detinham, que eram energias tanto nascidas da destra quanto da esquerda de Deus pai celestial, que lhe concedera autoridade para caminhar entre as duas unidades espirituais, para que assim como caminhou e feriu Moisés o rio de morte, ou ergueu a serpente no meio do deserto, utilizando as forças e energias de vosso Criador, assim pudesse ele também o filho único, utilizando as forças e fluidez de energias, e de luz, não somente demonstrar a vossa força, poder e autoridade, como também aplicar a vossa plena autoridade diante de todos os olhos carnais, para que compreendessem que as vossas escolhas não seriam apenas escolhas de terra e sim escolhas espirituais, porque assim como os maus espíritos, os ditos demônios, eram eles, também, nascidos espíritos e, no momento em que fosse chegada à hora, todos tornariam as vossas formas reais, espíritos ou maus espíritos os quais seriam ele mesmo o poder de forças que os libertariam de vossos dias de dores e penares da alma.

    Pois somente o filho de Deus possui autoridade para libertar os demônios de suas horas de morte no dia de seus julgamentos. Porque assim aplica-se a ordem de que ninguém vai ao Pai a não ser através dele, isso quer dizer, ainda que não cheguem aos reinos dos céus por meio de vossos ensinamentos e palavras, terão a chance de após serem libertos do cume do inferno pela proclamação de seus nomes lidos no livro dos mortos e dos vivos, o qual somente o filho de Deus possui ordenança, de libertarem-se de suas existências malignas para que sigam livres pelos caminhos das leis e da justiça celestial de Deus.

Mas o que se manifestava contra a verdade de Deus, por ele era excomungado e enviado novamente aos caminhos de onde deveriam seguir vossas unidades espirituais, ainda que fossem estas as mais degradantes e desprezíveis unidades de espíritos, porque além de ter autoridade sobre os vivos e os mortos, possuía olhos, sabedoria, evolução e conhecimento sobre todos os cantos e caminhos de todos os espíritos, demonstrando mais uma vez que não viera deste, mas do mundo de onde todos os espíritos dormem as vossas certezas ou pagam em juízo os vossos erros e males, nas casas de onde pertencem. Portanto, sabia ele exatamente qual era o caminho que das verdades próprias desejavam caminhar em terra de homens e de espíritos, porque assim como não era desta terra, conhecia todos os que desta também não eram, assim como eles também o conhecem.

E por não serem desta terra vossas palavras contra os maus espíritos, também os maus espíritos não eram, por isso não as proclamava em forma de juízo ou correção, e sim em forma de autoridade, mostrando a todos os homens que, assim como conhecia bem todos os maus espíritos ou demônios, também conheciam todos os maus espíritos o poder e a ordenança do filho de Deus sobre eles; por isso, quando excomungava aqueles espíritos extraviados de vossas unidades de remissão, dizia somente "Arreda! Satanás" porque eram as vossas santas palavras o poder da verdade contra a falsa verdade do espírito que, baseado em suas próprias verdades, desviavam-se dos caminhos de luz, em detrimento de prazeres e gozos, por meio de outrem, se apoderando da unidade espiritual deste, para se utilizar da energia alheia agindo contra as leis divinais.

Mas conhecendo que toda destruição do mal, assim como as intenções e os atos do próprio mal ou daqueles que se utilizam e desferem em favor do mal se fazem de forma contrária aos desejos ou os mandamentos de Deus, porque todo mal ocorre de forma contrária à verdade causando apenas sofrimento. Sofrimento este que sentiriam todos aqueles que aplicassem e se envaidecessem de suas obras erguidas em terra pelo mau que carregam em suas unidades danosas.

Então ordenou o Criador que descesse o vosso filho único para mostrar a todos os povos da terra as conseqüências de vossas atrocidades e verdades próprias, que acreditavam estar caminhando sobre as ordenanças de vosso pai espiritual, porém, caminham em função de vossas próprias obras, arrogantes e imundas doutrinas, as quais muitos ainda chamam de mandamentos.

"Então voltaram os setenta com alegria e dizendo: "Senhor até os demônios submetem a nós, em teu nome". (Lucas 10: 17)

Mas quando diz que até os demônios submetem a nós é o mesmo que dizer, até mesmo aqueles que caminham sobre as próprias verdades criadas em troca de crenças e conceitos falhos distante das leis e mandamentos divinais, reconhecem a existência de um Deus supremo, ainda que não sejam fortes o suficiente para se prostrarem e andarem sobre as leis e disciplinas, conhecem suas forças. Porque o mal, ou os conceitos maus e seus atos e ações más não têm autoridade ou permanência, por onde nascem, pois o detentor do mal severo ou o único e verdadeiro mal, do qual não possuem nem aqueles que caminham sobre os céus, tampouco por sobre a terra, o mínino conhecimento do que vem a ser não é o mesmo mal nascido de conceitos e ideias mundanas, pois este possui não autoridade divina para ser nascido em qualquer que seja a esfera espiritual, por meio de nenhuma forma de existência.

Logo, o poder do verdadeiro mal, aquele severo, capaz de exterminar com qualquer que seja, o encarnado ou espírito em favor da justiça divina, pertence ao único Deus, o Criador. Porque, se acaso tivesse o diabo ou satanás, ou seja, as crenças mundanas e contrárias à verdade do Criador, algum poder sobre o mau, não teria ele mesmo feito algo acerca de sua elevação e proclamação, dentre os homens da terra ou até mesmo diante dos céus? Porém, nenhum mal adentra a esfera celestial ou todo o mau conceito e más idéias e desejos e ações más, os quais os homens fazem em esfera terrena, são combatidos através dos anjos guerreiros de Deus, e jamais adentram com nenhuma unidade espiritual as casas sagradas celestiais. Por isso mesmo, todos aqueles espíritos andantes por sobre as suas próprias verdades, caminham sobre a vigilância dos espreitado-

149

res servos espirituais em nome das leis sagradas, que zelam e cuidam das unidades espirituais divinas.

E era o filho único de Deus, o "Anjo bom" do qual viera a terra, para ser a demonstração viva da força e do poder das escolhas abastecidas pelas vontades mundanas, nascidas da arrogância, da prepotência, da inveja do ódio da autoproclamação e do desejo daquilo que não possuem ou não possui verdade espiritual, em favor de suas próprias vontades distantes daquilo que prescreveu os servos de Deus a todos nós.

Porque não fora o diabo, ou satanás, ou a serpente alegórica, os seres imaginários, carregadores das más condutas e atos e ações más, os seres que desfeririam toda a vossa autoridade de terra pelo desejo e pela vontade deles mesmos contra o filho único de Deus, lhe tirando aquilo que acreditavam lhes pertencer, que eram as vossas verdades, quando estes lhes foram apresentar a única e verdadeira verdade, para que pudessem possuir igualmente ele, não somente verdade, como também autoridade espiritual, contra aquilo que nasce da terra, fere, machuca e é capaz de matar e fazer sangrar pelo desejo de ser aquilo que não é, e ainda fazer calar em nome desta que não é a verdade de Deus.

Por isso, não seria o diabo, e tampouco satanás, ou nenhuma espécie de demônio, os seres sem autoridade divina que desejariam destruir a verdade que trazia Jesus, mas sim o sentido irreal de viver e acreditar sem verdade, caracterizado pelos pensamentos errôneos e doentios, de desejos e condutas miseráveis e abomináveis, em relação ao divino, uma vez que estes arquétipos são imaginários e não possuem verdade que sobreviva por eles mesmos, ou verdade espiritual que tenha nascido de Deus, para ser algo além de coisa criada por homens com sentidos e sentimentos de pouca fé.

E sendo os homens os criadores e ordenadores de vossas próprias verdades, eram também aqueles que, devido às vossas falsas verdades, ou crenças mundanas, abastecidas de verdades de terra, que condenariam as verdades do Filho de Deus, as classificando como sendo falsas, e as vossas verdades, outrora de fato trazidas do pai espiritual Abraão, que fora com o tempo alterada e deturpada pelos desejos de terra, sendo, naquele momento, verdades criadas, e não mais puramente espirituais, consideradas por eles as únicas e verdadeiras a serem seguidas.

Porém, estas que abastecidas de necessidades de terra, pelos desejos dos próprios homens de manterem-se no poder pela força material que este possui sobre os homens, seria esta força a única e real força, assassina e homicida das verdades celestiais, a qual viera o Mestre Jesus vos apresentar, para que não morressem em vossas unidades espirituais, sofrendo e penando por aquilo que jamais saberiam, se acaso estas não lhes fossem apresentadas, por isso, seriam estas apresentadas para que se endireitassem nos caminhos sagrados da luz, porque tudo o que viera já havia sido por eles deturpado, tocado e alterado em detrimento da inverdade, inverdade assassina e homicida de si mesma.

Mas, vejam vocês, se não eram eles os próprios filhos da pouca fé, cuja fé em que depositavam crença, em nada lhes condenariam, porque esta que não passava da unidade terrena, nada tinha para lhes julgar ou elevar, frente a única verdade. Porque eram as vossas crenças a própria morte de vossas unidades espirituais, pois estes que se diziam filhos de Abraão eram, na verdade, filhos do nada, que lhes restavam até mesmo para aqueles que não o chamavam de pai espiritual, patrono regente de vossos caminhos de terra, para que alcançassem os caminhos sagrados daquilo que não conheciam sequer em terra, mas acreditavam conhecer além daquilo que lhes mostrava o filho de Deus, que acima dos céus assentava a vossa santa e nobre verdade.

CAPÍTULO 12
AS LEIS DA TERRA E O
JULGAMENTO DO HOMEM

> "Vieram os chefes dos sacerdotes e os fariseus formaram conselho, e diziam: Que faremos? porquanto este homem faz muitos sinais. Se assim o deixarmos, todos crerão nele, e virão os romanos, e tirar-nos-ão o nosso lugar e a nação" (João 11: 47:48)

Mas era o desejo de terra superior às vontades do Pai celestial, que havia enviado o vosso filho único, porque já se fazia hora de conhecerem o mais sagrado e sublime reino, os quais poderiam eles, ainda que sendo falsos, mentirosos e arrogantes, idólatras de si mesmos, conhecer, se prostrar e caminhar para encontrar trilhas mais nobres e santificadas, fazendo, assim, erguer uma nova e mais poderosa nação espiritual, crente de vossas forças e poderes, composta de filhos e filhas verdadeiramente fiéis, devotos e obedientes às verdades do Criador. Porque este, que Santo e eterno e criador de todas as coisas, lhes concedeu a vida assim, como o direito de ser e de nascer de vosso seio amado, para caminhar sobre as vossas certezas, dentro de vossas terras, de forma que compreendam as belezas, da bondade, da compaixão e da caridade, alcancem a verdade pela compreensão da sabedoria e do amor eterno.

Pois esta é a única forma de caminhar nas certezas divinais, para que, ao término de suas jornadas, possa conhecer o vosso único e verdadeiro reino, através do amor e da paz, frente àquilo que são merecedores, por crerem nas coisas vindas dos céus, pois é esta que é a única e verdadeira forma de ser e de existir em unidade santa espiritual; é também a única que vos libertará das dores e angústias de terra e, ao fim da jornada de terra, das dores e pesares da própria alma.

Porque estes que conheciam nada além do que o reino terreno, construído a partir dos desejos e vontades da carne, e não do Espírito, porque fora o campo terreno, embora nascido do desejo do Criador de abrigar vossos filhos, dentro de uma unidade sagrada e cheia de forças, de luz, erguido também celestialmente perante o direito divinal de que os homens que aqui se abriguem, também governem esta casa santa; que além de os receberem com toda glória e majestade espiritual, os entrona pelo desejo deles mesmos, não somente como grandes em unidade espiritual abastecida pelas fontes de luz sagradas divinais, como grandes e poderosos reis e sacerdotes de suas vontades, através da carne que finda, nascida da vontade de terra, de elevá-los diante daquilo que não possui verdade ou luz eterna, findando não somente a carne que apodrece os seus sonhos, como também a possibilidade de serem conhecedores do único e verdadeiro reino, o reino celestial de Deus. O reino que jamais findará.

Mas é o Criador, misericordioso e bondoso em demasia, pois além de os tornarem carne para que sejam missionários e aprendizes, para que adentrem a unidade de onde as belezas são mais belas, santas e sagradas que muitas outras unidades santas espirituais existentes; concedeu-vos ainda o direito de governar por suas próprias vontades, de forma que possam não somente ser grandes, majestosos filhos e herdeiros do único e verdadeiro reino celestial de amor, de paz e de bondade, os quais poderiam fazer deste também elo sagrado um jardim santificado do próprio reino dos céus, por viverem as suas belezas e mostrarem as vossas honras e determinações, para conquistarem e alcançarem vossas promessas. Porém, utilizando-se de seus poderes de terra, de domínio, do que é pó, se dispersaram pelos encantos deste, que seria o jardim das casas de Deus, em favor das delícias e tentações materiais, que os enchem mais as entranhas de nada, do que o espírito com a glória do Pai.

E, corroendo-se de medo de perder aquilo que lhes garantiam o poder material, ou o reino de pedras, ou os templos de areia e de tijolos, os quais não são as pedras e os tijolos, erguidos em amontoados o poder da grandeza espiritual do Criador. Porque este que é feito por mãos humanas, sem a ordenança do Espírito Santo, é capaz de abrigar apenas aquilo que as mãos constroem para entronarem e levantarem vossas moedas, assim como vossas coroas cravejadas, de ouro e de sangue alheio, demonstrando a força e o poder material do reino, que era o único que haviam, até aquele momento, ouvido falar, e que por isso, o único também que conheciam.

Reino do majestoso e nobre governado por imperador terreno, que jorrava riqueza e ostentação material, ao mesmo tempo em que derramava ódio e desprezo vindo da própria proclamação de superioridade, pela força que possui o ajuntamento de pedras e de tijolos, em terra de homens; ajuntamento este, que os faz intitular-se nobres, por portarem riquezas materiais, ainda que vossas riquezas não venham dos céus ou que vossas túnicas, coroas e ouros lhes cubram daquilo aos quais os olhos se fecham e fingem não enxergar, porque assim vivem como cegos felizes em terra de pouca fé.

Ora, mas não condena o Criador, ou os vossos Espíritos, à riqueza material, tão pouco aquilo que é construído por vossos filhos, durante as suas caminhadas materiais, em busca de autoconhecimento, aprendizado e elevação espiritual, porque o que pertence a terra de homens deve ser utilizado da melhor forma pelos homens que os possuem, para que sejam estes conhecedores de tudo o que as mãos humanas lhes possam proporcionar, uma vez que esta permissão lhes foi concedida de forma espiritual. Porém, não deve o homem confundir as coisas criadas para abastecer as vossas carnes e os caminhos materiais, com as coisas verdadeiramente nobres e reais, nascidas da vontade de vossa santidade, para que alcancem a glória e a nobreza espiritual.

Porque não é o ouro nascido das fontes celestiais do Criador em terra maior do que a vossa própria santidade, o vosso próprio amor, vossa bondade ou caridade.

Porém, são os elementos que formam o ouro, nascido das fontes de energia e de luz jorrada por vossa autoridade, e tudo o que pertence ao campo terreno, parte de vossa glória e poder de tornar, até o último grão de areia, também elemento prostrado a vossa unidade espiritual santa sagrada. Desta forma, são todas as coisas materiais unidades que pertencem ao Senhor, por determinação de que fosse este campo abastecido de vossa luz, para que os vossos filhos pudessem adentrar viverem fartos, porém, não é o valor colocado em cada pedra, cujo homem se enobrece mais que a própria pedra ou aos outros homens; porque, assim como é a pedra pertencente ao Senhor Deus, são todos os homens que, igualmente às pedras, estão no campo material, pertencentes em unidade material e espiritual, a vossa majestosa e nobre santidade.

Logo, são todos em unidade, valor ou força espiritual, embora em forma, formato e missão distinta, iguais! Pois, cada um possui a sua importância, dentro do campo material, conforme a ordem e determinação espiritual do Criador, o qual é o Criador o único que, de fato, rege e governa tudo o que neste elo espiritual existe.

Por isso, não deve o homem confundir riqueza material com nobreza espiritual, porque esta que não se compra com vil metal, também não se vende em troca de ouro, porque mais força e poder possui a energia daquilo que não são os homens capazes de tocar ou enxergar, do que aquilo que podem, entre si, criar valor ou trocar.

Mas são todas as coisas materiais, valorosas aos homens ou não, pertencentes e nutridas por Deus, e somente possuem o direito de existir, porque a vossa compaixão, amor, luz e bondade lhes permitiram ser todos existentes, em unidades materiais ou espirituais, para que possam cumprir com as vossas missões e ordenações de existir, dentro deste que é o maior e mais belo campo, que um espírito poderá adentrar para se autoconhecer e elevar-se. Por isso, acreditar que possui maiores poderes ou honras espirituais, somente porque possuem mais bens materiais, não possui verdade espiritual, porque poder verdadeiro possui um único Espírito, que vos abastecem as unidades, sejam pedras, sejam homens. Pois a verdade é uma só, o Espírito Santo, que é Deus, lhes permite o direito de ser o que são, sejam pedras, sejam espíritos. Portanto, não possuem os homens mais direito do que as pedras, tampouco sobre aqueles que fazem prostrar material e, espiritualmente, por possuir menos pedras em vossos bolsos materiais, porque são as pedras, neste caso, mais valiosas que as vossas próprias unidades, que são grandes, apenas em vossas verdades próprias, de acreditar possuir mais valor material e espiritual, por carregar mais pedras, que possui valor apenas em terra.

Mas era o filho único, aquele que descera de vosso principado, cujo reino não possui pedras ou ajuntamento de tijolos e, por ser tão diferente dos reinos de terra, parecia aos homens encarnados, muito distantes de vossas compreensões e entendimento, e por ser de difícil compreensão, mais lhes parecia uma afronta contra as vossas verdades já enraizadas. Porque sobre o Reino de vosso Pai celestial, falava o Mestre com grandeza e autoridade, a mesma autoridade que possuíam os entronados, porém sem as mesmas vestes, cordões de ouro, os enfeitando o pouco que tinham. Pois falava de um reino, que não necessitava de fortuna terrena, ou posses materiais, e sim a verdade de cada um, porque é este o reino dos quais nele crêem, jamais morrem, não em carne, mas sim em espírito.

Por isso, infinitamente distante de tudo o que os pensamentos da época poderiam compreender, ou os olhos poderiam enxergar, porque este que estava também distante das atrocidades e das falsas verdades, que conheciam bem os servos e os sacerdotes do rei, também pareciam distante da realidade daqueles que, da espada e do sangue, estavam habituados a viver vossas jornadas, imposições de culpa, de idolatria, de erros e de ódio.

Pois era aquele que os conduziam de dentro de vosso suntuoso e majestoso amontoado de pedras e de tijolos, construído para abrigar o tamanho de vossa arrogância e prepotência, o mesmo que os conduziam, sendo o único e mais poderoso rei, cujos olhos poderiam enxergar, e a obediência poderia se prostrar, não somente para defender as vossas integridades físicas, como alimentar também as vossas barrigas e a necessidade de idolatria a ele mesmo. E sendo este tão distante do reino, ao qual o Filho de Deus se referia, porque este que, erguido pela força do sangue, do lamento e dos braços carnais, nada tinha de celestial ou sagrado, para que pudessem crer ou caminhar sobre as trilhas do outro, que vos pareciam bom, porém irreal, e assim os confundindo ainda mais em relação àquilo que jamais tinham visto ou ouvido falar.

E sendo o reino de Deus o reinado os quais muitos não compreendiam por caminharem firmes sobre as inverdades, como a troca do real, que era em verdade o irreal, pelo que lhes parecia irreal, porém era o único e verdadeiro reinado, que necessitavam para libertarem-se de vossas angústias e tormentos de terra, o único e verdadeiro reino, que os levariam as vossas salvações, o reinado que não podiam ver ou contemplar contra aquilo que já conheciam e viviam há eras de tempos.

Por isso, era este o Filho do Rei, o príncipe que, além de difícil compreensão terrena aos homens, um príncipe igualmente homem, que fazia além da cura da carne, o restabelecimento da matéria e a purificação da alma, para aqueles que da crença lhes tinham verdades, e através da crença era salvos da morte, embora não soubessem o que viria a ser a salvação da hora da morte. O servo de Deus veio trazer através de vossos pródigos ou das magias de transformação, que utilizava por meio das fontes de energia e de luz do Criador, o vosso próprio reinado, reinado, este que não poderiam enxergar, porque não era este feito de pó, assim como não era o príncipe Jesus, que igualmente não compreendiam, nascido da vontade da terra. Mas sim da ordem divinal, para ser erguido por determinação de vosso Rei, o qual lhe chamava de Pai, para representá-lo e apresentá-lo novamente aos homens da terra, assim como o vosso reino celestial, eterna fonte de luz e de glória divinal, porque é esta a única e verdadeira fonte de energia, à qual podem todos se curvar em amor e em verdade, pois é esta a única que vos poderá curar, restabelecer e salvar.

Ora, mas não era este que, embora em terra fizesse muitos pródigos, ordenado ou comandado por outro homem de terra. Porque este, que nenhum conhecia o reinado, era o único em terra, que sobre as vossas próprias ordenações celestiais fazia voltar a andar aquele que, coxo havia nascido, fazia voltar a enxergar aquele que, cego havia também nascido, assim como libertava os demônios daqueles que estavam possuídos da mesma forma que, trazia de volta à vida aqueles que haviam morrido pela carne, bem como sanava as dores do corpo, que padecia em lágrimas. Não por vossa própria vontade, mas sim por determinação de vosso Pai, porque é este o único que, em verdade, pode lhes curar, restabelecer, libertar e salvar.

E sendo ele o filho único, determinado para a missão de lhes apresentar o reino celestial de vosso Pai, através da cura das feridas e dores da alma, os quais eram as dores da alma, o lamento e a angústia, que vivia sobre a ordenação e regência de um rei de terra, onde os vossos sacerdotes e principais que comandavam, comandavam pela força e pela ponta da espada. Sentiram os sacerdotes e comandantes de terra medo de perderem os vossos lugares no trono de onde a ordem era matar e exterminar aqueles que o rei perturbava ou vossa integridade ameaçava e, sendo ele aquele que lhes apresentara o reinado de vosso Pai, cheio de amor e de paz, onde não existe dor, lamento ou prisões, onde a vida pode ser eterna, assim como amável e repleta de prazer, de caridade e de compaixão, bem distante da realidade de terra em que viviam, lançara os servos do rei ordem sobre ele, de não mais ameaçar o único e verdadeiro rei de terra, os quais todos conheciam.

Mas isso por não compreenderem vossas palavras e vossos feitos, os quais não eram feitos ordenados por outros homens. E, por isso, tiveram medo serem roubados em suas autoridades de terra, e assim, aplicaram os vossos julgamentos sobre a única e verdadeira autoridade divina em terra.

> "Nem considereis que nos convém, que morra um homem pelo povo, e toda a nação não pereça. E isto não disse de si mesmo, mas, sendo o sumo sacerdote naquele ano, profetizou que Jesus deveria morre. Assim, desde aquele dia, pois, consultavam-se para o matarem" (João 11: 50, 51, 53)

Ora, mas era a festividade da páscoa, a festa santa perpetuada por determinação do Criador, a qual comemoravam todos os homens, pois assim fora a ordem de que fosse lembrado o dia em que saíram todos os que sofriam e penavam nos braços da escravidão no Egito, pelo dia em que foram todos libertos de vossas amarguras, através da honra e da glória do Senhor Deus, pelo direito nascido em cada um de ser conhecedor da liberdade, do amor e da compaixão, feita através da verdade. E sendo Jesus o filho único, que não viera para mudar ou alterar nada daquilo que é a verdade de vosso Pai, comemoraria este igualmente os demais homens de terra, porque era esta a ordem de vosso Senhor Deus.

E assim como cumpriam os homens a ordem de Deus de lembrarem-se e comemorarem aquela que era a mais importante data espiritual, a qual atravessava os tempos, e por isso a fazem cumprir. Também faziam os homens cumprir a ordem material, nascida da vontade deles mesmos de imolar não mais um animal como o caminho de libertarem-se de vossos erros e pecados, naquela que era a data de entregar a si mesmo a vossa santidade, quando ao invés de imolarem um animal, para alimento diante da mesa posta, para servir de sustento carnal diante da festa espiritual, celebrando o nome de Deus, e vossos servos, os espíritos assassinavam um homem, assim como eles mesmos, coberto de danos e de pecados, para servir a idolatria e autoproclamação de poder material, nutrindo as inverdades que acreditavam eles. E assim depositavam crença no fato de que assassinando um homem, este feito, nascido do desprezo e da total desgraça de um ser, lhes traria glória e purificação espiritual.

    Porém, em verdade, este que é ato de terra, e não espiritual ordenado, jamais poderá libertar vossos erros e danos e pecados, pois este, que é um ato torpe e insano, é também imperdoável espiritualmente, pois este vos causará mais degradação e afundamentos de vossos espíritos os enchendo de mais danos, e em nada poderá elevar ou trazer progresso, seja material, seja espiritual.

Mas aquela, que seria a celebração do feito divino, alimentando-se do animal, não era o mesmo que entregar o animal como forma de purificação e libertação espiritual, por meio da troca de vida pela vida, assim como ocorreu no momento da passagem de Deus pela terra durante o período de escravidão no Egito, porque não é o alimento acima da mesa, comemorando a páscoa, a oferta divina pela ordem sagrada de liberdade, para vos purificarem através da imolação e sim o alimento da confraternização entre os povos ou as comunidades. Por isso, não serviria o assassinato, ainda que com a intenção de purificação, de força que limparia os erros e danos ou pecados, porque este que não possui aquilo que possui o animal, jamais poderia partir de uma ordenação para um ato determinado pelo Criador.

Mas era a oferta, naquela época de tempo, não mais do animal que vos purificava o espírito, através da oferta de crença da verdade, para aqueles que andavam errantes, por crerem que este os purificariam a alma, mas eram eles, por ordenação de si mesmos, quem ofereciam o assassinato de um ser errante, assim como todos os demais, não para elevarem-se ou progredirem em vossas unidades, em troca de pureza, caridade, nobreza e paz, mas sim como forma de, mais uma vez, demonstrar forças diante daquilo que acreditavam estar fortalecidos, que era a força e o poder de terra. A força pela demonstração do poder, do homem sobre os demais homens.

Porque era o homem assassinado o nada em troca de coisa alguma, que apenas abastecia vossas autoproclamações de elevarem-se em mais poderes, forças e autoridade material, pois era esta a verdadeira e real intenção que os levavam matar um homem diante dos demais homens de pouca fé.

E o que fora a ordem santa do Criador, há muito, se havia esquecido ou com o tempo modificado, para atender não mais as vossas santas e sagradas, e sim as vontades e os desejos da carne, que se abastecia com o sangue que jorrava pela necessidade de elevação, para erguer títulos, que vos traziam autoridade e superioridade, fazendo assim esquecidos os verdadeiros motivos, os quais imolaram os nobres e puros cordeiros, tiradores dos danos e pecados dos homens para que estes servissem de escudo de forças no momento mais sublime espiritual que fora a saída das terras da servidão.

Pois aqueles homens que, naquele tempo, morriam pela nação em nome da auto-intitulação de poderes e glórias de terra, não para limpar e purificar as vossas unidades mais imundas, do que as vossas certezas que se desgraçavam no sangue, que jorrava daqueles que perdiam suas vidas, pela inverdade de serem todos limpos e purificados, através de outro homem, tão impuro quanto eles mesmos, porque na verdade, estes apenas desciam ao chão da terra, da mesma forma que o sangue que escorria e se encontrava com o elemento árido contaminado, porque era esta a única verdade, que poderiam receber ainda que acreditassem que receberiam algo, além de um corpo para recolher no dia seguinte à páscoa da desgraça.

E era o desejo de terra que ordenava que um homem haveria de morrer durante a comemoração da festividade da Páscoa, ou seja, "A passagem santa e sagrada" do Criador, com vossos servos nascidos das trevas, assentados a vossa esquerda celestial, retirando tudo o que não lhes servia em emanações e fluídos, lhes dando novos sentidos e lhes cobrindo de jorramento santo, recoberto de vossa glória e pureza celestial.

Porque aqueles que morriam, anualmente, durante a festividade da páscoa, que já não era nem a festividade da páscoa, tampouco o assassinato de um homem, algo sagrado e santo, conforme as ordens divinais, trazidas ao mundo através de vosso filho Moisés, para serem perpetuadas, e sim a vontade do homem, de colocar-se superior até mesmo aos mandamentos de Deus, lhes alterando e trocando todo o sentido e verdade, que a vossa divindade lhes concedera receber, perante a verdade, e, por isso, nenhuma verdade espiritual tinha em assassinar um homem ainda que fosse este, o filho de Deus, que em verdade era o único ser puro que caminhava por sobre a terra, porque não é o homicídio algo santo e sagrado e, portanto, nada se pode receber em troca.

Porém, não fora o filho único, condenado a mesma pena desgraçada, de servir erroneamente de elemento, de troca, de pureza ou de vida pela vida, mas sim de servo de auto-intitulação, de força, de poder de terra, em favor dos homens, que se imaginavam mais fortes e poderosos do que os demais homens, condenado pelo julgamento abastecido pelo medo, pela insegurança e pelo ódio dos mesmos homens que assassinavam, para tornarem-se fortes e poderosos, porque estes eram mais fracos e incapazes do que os mais insanos e pobres, desprovidos de dons e certezas.

Desta forma, não fora o filho de Deus, condenado ao mesmo julgamento de insanidade de lhes servir de alimento de purificação, pela morte de vossa unidade, para recompensa de lhes retirar os erros, os danos, as falsidades a os pecados, porque não sabiam eles que era este o filho único, aquele que tinha autoridade para lhes retirar os danos, as falsidades e os pecados, estando ele em vida.

Por isso, não fora este condenado para lhes servir de instrumento espiritual de troca, nem pelos homens que os condenariam, devido as vossas idolatrias de si mesmos, pelo medo de perder vossas coroas, tampouco pelo vosso Pai celestial, que o ordenara a ser aquele que lhes abriria as portas de vossas casas celestiais, para que fossem limpos, purificados, santificados, restabelecidos e encaminhados aos caminhos bons, diante de vossa casa celestial, estando ele em vida material e não em espírito. Porque se acaso fosse a vossa missão lhes conduzir, para ser endireitados, estando ele em espírito, não teria ele nascido homem para com os homens comungar.

Portanto, não fora o filho de Deus, condenado ao mesmo julgamento de lhes servir de alimento, de purificação pela morte de vossa unidade, para a recompensa de retirar-lhes os pecados, danos e falsidades. Logo, nem pelos homens, nem pelo Criador, o nosso Pai, porque este ato não lhes traria nada em troca, uma vez que, este não possui verdade espiritual, nem para aquele que condena e mata pelo desejo de se auto-intitular, nem para aquele que acredita ser a morte de um homem o desejo do Criador de lhes trazerem algo bom. Quando, na verdade, a missão do filho único era em vida e não em espírito pela vossa morte. Isso porque não fora ele nascido e ordenado pelo Criador para satisfazer a vontade do homem, do desejo de morte, mas para lhes trazer e lhes ensinar a vossa verdade celestial, que é esta a única que lhes poderá salvar da própria morte.

E sendo a morte deste a vontade da terra, e não celestial, de que uma vida deveria ser retirada do meio de vos para atender a qualquer que fosse o desejo de qualquer que fosse o homem, jamais fora esta ordem, uma ordem santa, vinda do Criador e, não sendo ordenação santa do Criador, não possuía esta ação verdade divina. E não sendo a morte do filho único verdade divina, não lhes traria este ato torpe nada sagrado em troca.

Mas é certo que, assim como levantaram as suas espadas para matar, assim seriam condenados pela mesma espada, através da mesma dor de serem eles, igualmente, sentenciados a pagar em juízo as vossas culpas na hora também de vossas mortes.

Ora, jamais ordenaria o vosso Senhor Deus, que fosse o vosso filho único assassinado pela espada da dor da maldade e do ódio, para satisfazer as vontades da terra, porque estes que cometem e se abastecem de falsas verdades ou inverdades, nada recebem além daquilo ao qual plantam. E, sendo o Filho de Deus, aquele que descera a terra para plantar a paz, o amor, a caridade, a bondade e vos ensinar a plantar e a colher outras e mais nobres obras, nascidas em nome da paz e do amor que carregava, jamais poderia, de forma ordenada, morrer pela força da guerra, que nunca havia ele erguido, porque era essa a energia e o poder, que não carregava consigo, e por isso, jamais destruiria ou ergueria algo que não lhe fosse aquilo que internamente possuía.

Porque é aquilo que cada um possui internamente, aquilo que também jorra e desfere em vosso meio e, sendo ele, carregador da mais pura e sublime bondade, jamais poderia derramar algo que não fosse bom aos homens, porém, eram os homens aqueles que detinham e carregavam a maldade e o ódio contra aquilo que não lhes era favorável, e assim desferiram e ergueram as vossas espadas, contra o amor, a pureza e a bondade em forma de homem. Não porque fora este ordenado a morrer em nome de vossas arrogâncias e prepotências, mas sim porque era este homem o oposto de tudo aquilo que acreditavam e se curvavam.

Isso quer dizer, que havia o filho de Deus, descido ao campo terreno pela ordenança do Criador, para lhes mostrar a verdade de vosso nome, o qual havia sido esquecida, através dos longos anos que separavam os únicos e verdadeiros servos e sacerdotes espirituais daqueles que servos se diziam, para que estes cessassem de ocupar-se de vossas maldades e vontades mundanas, e conhecessem o poder e a glória verdadeira do Senhor, porque esta que é nascida do amor e da bondade, pela força da nobreza celestial, que é a única capaz de lhes conceder a vida e as forças de vida, pois possui o poder do amor, da compaixão, da correção e da justiça, o qual carrega em vossas sagradas mãos.

Porque ainda que os filhos da terra conhecessem bem a justiça terrena, que caminhavam, justiça da espada, pela força da condução, da correção e da doutrina da carne, se fazendo valer como a única força soberana, que dominava não pela verdade, pelo amor ou pela paz, mas sim pelo sangue que escorria das vísceras daqueles que os desobedeciam às suas ordens, não tardaria para que conhecessem também a força do poder da esquerda espiritual do Criador, quando a vossa destra não lhes serve para corrigir e encaminhar aos caminhos bons, ainda que sejam os caminhos bons a ordem divina para todos os filhos nascido em terra.

Mas este que não viera lhes condenar ou julgar e sim lhes mostrar o único e verdadeiro caminho celestial, que não eram os caminhos do erro, da injustiça, da arrogância e da falsa verdade que conheciam, para que conhecessem e caminhassem em amor e em verdade, diante daquilo que o Criador lhes prescreveu e ordenou como sendo bom, de forma que jamais pudessem aqueles, que depositassem crença em vossas palavras morrer em vossos espíritos. Porém, crendo mais nas coisas de terra, que nas coisas espirituais, julgaram eles aquele que jamais os julgou, e sim lhes mostrou o caminho da verdade e da salvação de vossas almas, para que não morressem em espírito, assim como morreriam em matéria, sendo desgraçados e miseráveis de si mesmos, devido as vossas escolhas e vontades de terra.

Por isso, não seria o vosso Pai quem o condenaria a mais miserável e indigna morte no madeiro da desgraça, mas sim os homens que o julgavam pelas vossas falsas verdades, porque acreditavam mais em vossas mentiras, do que na verdade de Deus, porque eram os homens tão arrogantes e danosos de si mesmos, que sequer aceitaram ouvir as palavras sagradas do filho da verdade, para abandonar em terra as suas verdades mundanas, ou aceitar as verdades espirituais trazidas do alto.

Mas eram as verdades próprias, nascidas da terra, e enraizadas por inverdades, criadas para abastecerem as falsas verdades, o alimento carnal que satisfazia as necessidades de autoproclamação, tornando os falsos e idólatras em conhecedores das verdades terrenas, através das mentiras que os tornavam bons mentirosos.

Pois assim viviam quase que nobremente, acreditando que eram bons, sábios e honestos, com o vosso pai espiritual, de nome Abraão, assim como os mandamentos das leis divinais, trazidas por Moisés, igualmente verdadeiro servo do Criador, de quem também não seguiam os mandamentos, para seguir os próprios mandamentos, os quais acreditavam ser o correto. Isso porque os ensinamentos daqueles homens bons, de crença e fé espiritual, que ainda chamavam de pai espiritual, que o Criador os havia enviado há milhares de anos não mais existia dentre eles.

Portanto, fora o desejo homicida de vosso pai, mas não o verdadeiro pai espiritual, missionário das ordens e obras de Deus, o servo Abraão, e sim o pai criado do desejo e das vontades mundanas abastecidas de verdades próprias, porque eram estas, o próprio diabo arquétipo dos desejos, atos e ações más, personificado em uma figura maligna, que condenaria o filho único. Sendo assim, não fora um homem, ou um ato, quem condenou o filho único a morrer naquele ano, ou naquela páscoa, porque não era um único homem ou um povo contra a verdade celestial do filho do homem, mas sim as energias e fluidezes, que emanavam e circulavam em toda a unidade terrena, diante daquilo que verdadeiramente acreditavam e depositavam vossas crenças e vossas certezas em forma de fé.

E foram as falsas doutrinas, e as falsas ordenanças, junto às vontades de terra plantadas pelos desejos maus, que acreditavam os homens, as raízes daquilo que era a própria espada ou os pregos do madeiro desgraçado da dor e da morte, a julgar e a condenar aquele que era bom.

Mas, vejam vocês, se não concedeu o Criador o direito de livre escolha a todos os vossos também filhos para que todos caminhem nesta mesma terra, e conheçam os sentidos em relação ao bem e ao mal, para que possam durante as vossas jornadas de autoconhecimento e elevação espiritual escolherem que verdade seguir, para dar continuidade as vossas trilhas espirituais. O qual poderá ser esta, aquela que vos levará as vossas casas celestiais, frente ao trono divinal de poder e de luz, onde se encontram as vossas majestosas e sublimes moradas de amor, compostas de compaixão e de bondade, ou as casas de onde a remissão lhes será o caminho da correção de tudo o que pregam e fazem contra as vossas próprias unidades.

Por isso, é a humanidade detentora do direito espiritual de caminhar sobre as vossas próprias certezas e escolhas, para buscar o crescimento e a elevação espiritual, utilizando-se de suas experiências e vivências, pelo que julga como sendo algo certo ou errado, a partir do conhecimento que vem a ser o bem ou o mal.

E tudo o que é certo perante os mandamentos está diretamente ligado ao bem e tudo o que é incerto está diretamente ligado ao mal, por isso, se o homem utilizar seus conhecimentos e livre-escolha juntamente com a doutrina divina do Criador, as quais estão lastreadas, as leis sagradas, e assim caminhar com discernimento, entre o bem e o mal, caminhará nos caminhos bons, que são aqueles que erguem o amor ao invés de armas, que desferem a caridade, ao invés de tiros, que ajudam a secar as lágrimas, ao invés de fazer derramar, que aplicam a justiça divina ao invés de injustiça, que ensinam as correções pelo endireitamento da crença aos caminhos bons, ao invés de julgar e condenar os que menos sabem, ou aqueles que não conhecem. Porque nisso encontram-se a bondade, o amor e a compaixão, pelos caminhos que os levarão as faces de Deus.

Porém, se ainda assim optarem pelos conceitos e ações más, utilizando-se do direito de livre-escolha, para alcançar suas conquistas, acreditando que também estarão em direção ao Criador, porém, julgando e condenando, por acharem nisso verdade, mas esquecendo-se que são estes os caminhos de suas evoluções, estarão em verdade em direção as suas desgraças espirituais.

Mas é preciso conhecer que nem todas as formas de caminhos são verdadeiras ou os levam aos reinos santificados das casas celestiais, onde estão as vossas promessas, porém, ainda que existam muitas portas e muitos caminhos, os únicos caminhos que vos podem levar as casas celestiais, assim como ao juízo final pertencem ao Criador, e não a satanás ou ao dito diabo; porque estes pertencem às coisas criadas por homens, e coisas criadas pertencem a terra. E o que pertence a terra é nutrido de maldade e inverdade, e assim como a espada que fere, e que mata, nada traz de espiritual em vosso lugar.

CAPÍTULO 13
O CORDEIRO IMOLADO

"No primeiro dia da festa dos pães ázimos, quando sacrificavam o cordeiro da Páscoa, os discípulos de Jesus lhes perguntaram: Aonde queres que vamos e preparemos a refeição da Páscoa?" (Marcos 14:12)

Ora, mas viera Jesus não para descumprir e sim para cumprir as ordens, principalmente, aquelas as quais já estavam perpetuadas espiritualmente. Por isso, preparava-se ele também para a festividade da páscoa, ou seja, não se preparava espiritualmente para ser morto, imolado ou assassinado, e sim para comungar da mesma comemoração da passagem de vosso Pai dentre os povos relembrando a época em que foram todos retirados das terras do Egito em encaminhados as terras da promessa.

Portanto, não era ele o alimento ou o animal que haveria de ser imolado para satisfazer as barrigas na mesa posta à comemoração do feito sobre a glória e a majestade de vosso Senhor, e sim aquele que igualmente iria comemorar como forma de demonstrar que não viera para alterar ou mudar e sim igualmente cumprir os mandamentos.

Então não concedera o Criador a determinação sagrada e santa de que vosso filho amado descesse a terra para retirar-lhes os erros e os pecados daqueles que escolhem andar pelos caminhos tortuosos através de vossa própria unidade material, e sim lhes ensinar a caminhar pelos caminhos bons e retos, conforme os mandamentos. Por isso, fora ele nascido igualmente homem para que fosse o Mestre espiritual sobre as coisas santas e sagradas, as quais haviam se perdido com o tempo assim como o mentor espiritual da unidade de forças e de luz celestial pregando e praticando as coisas boas, em nome de Deus, de forma que fosse compreendido pelos homens daquela época; e não um ser animal em estrutura arcada desigual, aqueles que deveria ensinar, os encarnados. Porque se acaso fossem estes descido para ser o cordeiro imolado ao dia da páscoa para lhes retirar os pecados não teria ele nascido homem e sim cordeiro, ou seja, animal.

Mas é o Criador, sábio e grandioso em demasia, e este falha jamais, teria feito, ou cometido contra o vosso filho, pois fora ele mesmo quem ordenou para praticar os vossos ensinamentos, que são acima de tudo a vossa bondade, a vossa caridade e o vosso amor. Portanto, nada teria de amável, santo e admirável se acaso fosse este, nascido homem para ser através de outro homem morto, por qualquer que fosse o motivo de terra.

E sendo a vossa unidade santa e sagrada a fonte eterna de grandeza, majestade, sabedoria e amor que jamais falha, jamais também falhou com os vossos filhos, ainda que estes não o compreendam devido as suas limitações ou vontades de terra que os limitam mais do que os vossos dons, as vossas visões, as vossas ciências e conhecimentos a cerda de vossa santidade.

Por isso, este que fora descido a terra veio lhes mostrar os caminhos bons para que não mais morressem em unidades espirituais, condenados por vossas próprias maldades, arrogâncias, autoproclamações e idolatrias de desejos mundanos, mas sim compreendam que todo aquele que levantar a espada contra os seus semelhantes e os ferir, seja de dores, seja de morte, pela mesma espada será ferido. Não que seja o Criador aquele que condena os vossos filhos de quem lhes tem todo amor e compaixão, a sofrer e penar em essência espiritual, mas sim porque é o Criador a fonte eterna de justiça divina, duramente severa e rígida, com aqueles que causam injustiça contra aqueles que deveriam cuidar, ensinar e lhes ter em total amor e carinho, os vossos irmãos.

Porque não fora o homem nascido para ser desprezado, humilhado, maltratado ou morto por aqueles, os quais sem eles jamais conseguirão caminhar seus caminhos de evolução, porém, por muitas vezes é o próprio homem a causa do desprezo, da humilhação, dos maus tratos e da morte que culminou na morte de Jesus, que fora não aquele nascido para morrer e sim o servo homem nascido, para vos alertar e ensinar caminhar, sem que sejam por ela mortos, pois não é a morte o caminho da liberdade de vossos desejos de libertarem-se das dores passageiras e sim o caminho que lhes causará ainda mais dores diante da própria morte de cada um.

Por isso mesmo, assim como lhes concedeu o direito de caminhar livres por esta terra, decidindo por si mesmos as vossas condutas e ações perante vossos irmãos, porém dentro daquilo que são os vossos mandamentos sagrados, também lhes concedeu o direito de terem dons, conhecimentos, sabedorias e ciências justamente por serem possuidores da ordem de se autoconhecer, para que possam se autocorrigir e compreender exatamente aquilo o que fazem em benefício próprio ou contra si mesmo e contra seu próximo, para que desta forma sejam justos, amáveis e bons uns com os outros. E quando não mais conseguirem ser aquilo que ordena o Senhor, para que possam atravessar as suas jornadas e alcançarem as promessas através de vossas missões, lhes envia o Senhor Deus os vossos servos e servas, nascidos das ordenações santas, para lhes servir de instrumento de amor e de paz, lhes conduzindo por meio dos ensinamentos as verdadeiras moradas, as moradas espirituais, porque as casas terrenas, ainda que pareçam suas, lhes são passageiras.

E temendo perder vossas moradas de glórias passageiras, ou vossas coroas de terra, desnudarem-se de suas majestades, e acreditando que poderiam lhes valer da crença em vosso patriarca, o qual a verdade já estava alterada pela força do tempo e do desejo do homem, porque não era esta aquela que compreendia, cuidava e ensinava, mas assim aquela que julgava e condenava, anualmente, um pobre homem, de forma que fosse este ofertado em troca de serem limpos e purificados de vossos erros e falsidades e idolatrias os que não desejavam cessar de praticar, condenaram aquele que lhes era propício condenar.

E acreditando, não fielmente, que tirando a vida de um ser e o ofertando aos deuses que lhes cobriam de nada pela entrega de vossos desejos de terra, estas falsas entidades também criadas e nutridas de inverdades, os redimiriam de vossos erros, já que estes lhes poderiam ser perdoados e apagados da face da terra, ainda que pudessem acreditar que a terra não era o término da caminhada.

Ora, mas esta não era a vontade do Criador, quando perpetuadas estavam as vossas palavras perante o povo da crença e da fé, que caminhou com o vosso servo aprendiz da perfeição, Moisés, que assim como os tempos que passaram; passaram e levou as vossas ordenações ou foram estas alteradas pelos homens que mudaram por vontade própria os ensinamentos espirituais. E caminhando por vossas vontades, distante daquilo que era a vontade de Deus, acreditavam poder entregar para a morte aquele que era o único libertador de vossas culpas e erros praticados há anos. E o entregando em forma de animal, o assassinaram para vislumbrarem em poder e em glória aquilo os quais eram devotos e se prostravam, que eram as glórias de terra.

Assassinato este, não por ter sido determinado de forma espiritual e ordenado por vosso Pai, mas sim porque era a prática de terra a condenação de um homem no lugar do cordeiro, o qual não lhes havia sido ordenado, para que este lhes tirasse os erros e pecados, em uma tentativa errônea de copiar o que fizera Moisés, quando ofertou a pureza contida no animal, há tempos passado, daquela época por ordem do Senhor Deus, porque era este sacerdote e servo real.

Porque fora a época da condenação e assassinato do filho de Deus, o tempo em que os desejos de terra de exterminar um homem, para lhes fazer erroneamente um favor espiritual, o que causou a propícia morte daquele que vinha de um reino de onde ninguém conhecia para erguer pródigos em que não compreendiam. Porém, alimentados com o medo de perderem seus postos de relevância terrena, juntamente com os desejos mundanos de exterminar, para que lhes fossem apagados os pecados, é que o ergueram junto aos miseráveis e falsários, que da morte já haviam também sido condenados, expondo suas degradações junto as suas grandezas, poderes e soberanias, de que acreditavam deter pelo poder de fazer aqueles que não mereciam com eles caminhar, morrer pela força das vossas mãos, que pensavam ser mais poderosas do que as mãos do próprio filho único de Deus.

Mas não era o filho único de Deus, o homem que em terra caminhava levando o amor divinal, a nobreza celestial, a sabedoria plena e a verdade espiritual, nascido para ser assim como um animal, O Cordeiro a ser imolado, para que fossem expulsos os erros e os pecados dos homens. Porque fora este nascido para ensinar sobre os reinos celestiais de vosso Pai, e lhes conduzir aos caminhos bons, resgatando tudo aquilo que já havia sido esquecido com o tempo e que devido as vossas angústias e dores, necessitavam novamente estar diante da sagrada e divina e recoberta de glórias de forças espirituais, para que pudessem endireitar-se e seguirem os caminhos de vossas próprias glórias. Porque embora não são as glórias divinais as mesmas glórias de terra e sim o contentamento espiritual das verdades de cada um, porque somente a verdade de cada um o levará as suas próprias glórias, por isso, era este o caminho que todos deveriam caminhar para encontrar os caminhos da verdade de vossas glórias.

E fora por isso que ordenou o Senhor que fosse o vosso Filho descido para ser o Mestre e o caminho Dele mesmo, pois já se fazia tempo de conhecer o poder e a força da verdade sobre as vossas unidades, deixando as coisas e as verdades de terra onde elas são nascidas, no pó da terra.

Ora, se não eram os homens a força das forças que possuem, se prostrando diante de vossas próprias verdades, que idolatravam da carne pelo prazer de serem elevados em matéria por aquilo que acreditam ser, e por isso, eram as suas verdades, as verdades levantadas acima do cume da espada para pregar no madeiro da desgraça aquele que de vossos pecados seriam o cordeiro sacrificado para que suas falsas verdades naquele ano lhes fossem perdoadas e assim continuar a ser falsos e idólatras, desprezíveis de si mesmos, ou seres errantes regozijados em nada pelo prazer momentâneo que lhes abasteciam ainda mais as culpas.

Mas fora o filho único escolhido, assim como se escolhiam os cordeiros, conforme a vontade de terra e não a verdade do Criador. E fora aquele que assassinado e pregado para expor vossa dignidade de forma medíocre, e não indigna, porque esta jamais fora tocada ou alterada em vossa essência espiritual por aqueles que nada sabiam, e por isso, jamais perderia a vossa dignidade ou soberania divinal. Porque este que até mesmo quando entregava a vossa unidade carnal no momento de vossa maior angústia e dor ainda lhes concedeu aquilo que viera trazer e lhes ensinar, que era disseminar o vosso amor, a vossa compaixão e o vosso perdão, que são tudo o que pertence, não dele mesmo, mas sim concedido por vosso Pai celestial, para que pudessem estes seres ainda que errantes indignos e medíocres serem perdoados por vosso Criador.

Não que seriam estes sem antes conhecer a própria dor que causaram para serem perdoados. Porém, fora a vossa humildade, a vossa compaixão e a vossa dignidade, que não era nascida de terra, e por isso, jamais tocada ou alterada por nenhum que de terra fosse nascido, o caminho da glória e da paz espiritual do Criador, que concede a vida, o aprendizado, a correção, a justiça e o perdão, porque nisso se aplica a justiça de Deus.

E era o filho do Pai, a vida, a luz, o caminho, a correção, a justiça, o perdão e a paz, em forma de homem nascido da fonte de luz do santíssimo Senhor Deus, para nos mostrar os caminhos da paz, os caminhos do amor, os caminhos de vossa dignidade, os caminhos da certeza em um único caminho, ou seja, os caminhos santificados de Deus que nenhum ser jamais poderá viver em terra de homem, se estas não lhes forem também a única verdade.

Mas fora o desejo de terra de matar o Filho do homem, não para a purificação junto a Deus e sim autoproclamação de força e poder, que erguera na cruz do madeiro desgraçado da dor, aquele que descera a terra para pregar a paz, o amor e os caminhos bons, mas eram os caminhos bons que ninguém mais conhecia a espada levantada, não pela vontade ou escolha de vosso Pai, e sim pela escolha daqueles que acreditavam mais nas coisas de terra do que nas coisas espirituais.

Logo, fora a vontade do homem, e não a vontade do Senhor, que fosse o vosso filho erguido no madeiro, por isso, fora este pela terra julgado, condenado, morto e levantado para mostrar a todos os homens as conseqüências de vossas escolhas e erros, porque estas que não foram impedidas ou barradas pelos Espíritos ou pelo próprio Criador, porque sendo os homens recebedores do direito de governar e escolher os vossos caminhos, atos e ações serão eles também os responsáveis por seus feitos e suas escolhas, erguidos igualmente ergueram as espadas contra seus semelhantes, seja este o filho do homem ou não, uma vez que são todos filhos de Deus.

Por isso, ainda que sejam seus feitos maus e obras repulsivas esquecidas e apagadas em terra, ou ainda que a carne passe, jamais vossos feitos passarão antes que se apague o fogo da justiça diante do trono do desprezo e da dor, que somente a clemência no dia do juízo lhes será capaz de, novamente, se acaso houver uma ordem divina, os libertarem.

> *"Ainda assim, muitos principais creram nele; mas não o confessaram por causa dos fariseus, para não serem expulsos da sinagoga. Porque amavam mais a gloria dos homens do que a gloria de Deus"* (João 12: 42,43)

Então, saibam homens da terra! Que não fora a ordem do Criador que ordenou que fosse o vosso filho entregue aos desejos da carne e assassinado devido às vontades de serem meros errantes e falsos idólatras, porque não criou o Senhor Deus seus filhos para que estes morram, ou sejam, mortos pelos desejos que não são nascidos de vossa suprema e sagrada ordem.

Mas era o desejo do Criador que fosse aplicada sobre a terra a vontade de vossos filhos errantes, através de vosso filho único, ainda que esta fosse a morte dos caminhos e da verdade, para que estes compreendessem o resultado de suas escolhas e desejos carnais. Porque este, que não seria o fim do espírito, tampouco da carne daquele que era em verdade espírito santificado, porque aquela que fora a carne daquele que morto devido aos erros e escolhas da terra fizeram, jamais morreria pela carne daquilo que representou a matéria andante, porque esta estaria por séculos e séculos na memória de todos os que o tornariam imortal em terra, assim como é o vosso espírito, é em unidade celestial.

Porém, aqueles que o assassinaram devido as vossas vontades, estes sim seriam mortos, não pelo desejo de terra, mas sim pela severa e dolorosa correção, que serão expostos todos aqueles que diante da verdade do Criador, trazidas por vossos filhos nascidos e ordenados, não se prostrarem. Filhos estes vindos diante das diversas ordenanças espirituais para trazer as verdades, a luz, o poder e a glória de Deus, pelas diversas eras de tempo terreno, a esta que é a mais bela unidade espiritual, que são estes espíritos ordenados a caminhar com os povos, pregando a vossa palavra, os servos instrumentos espirituais e divinais que atravessam séculos e mais séculos espirituais, por muitas vezes nascidos homens e mulheres, para serem os caminhos, seja da doutrina, seja da disciplina, seja da esperança ou da luz, porém todos santificados perante as vossas ordenanças, a única e verdadeira, onde se encontra a glória que os vossos servos descem, para lhes conduzir a esta, que é também a única fonte de verdade.

Mas não fora o filho do homem sofredor na cruz do calvário, porque fora chegada a vossa hora, e sim para demonstrar a dor, o lamento, a angústia, o desprezo e a miséria, que chegarão para todo espírito que, diante de vossas próprias verdades, caminharem em terra distante das verdades de Deus, porque para todos chegará o momento de vossas horas de partir e prestar contas diante do julgo do único e verdadeiro juízo, o juízo final que vos aguarda.

Porque esta que fora a cruz do derramamento do sangue puro nada mais era do que a demonstração que o Criador lhes permitiu ver e conhecer em terra de homens, para que saibam e sintam aquilo que serão as vossas próprias condenações, derramando-se pelos vossos próprios erros, no dia de vossos julgamentos, que diante das dores, dos pesares e da angústia, os quais igualmente irão sentir, possam compreender que piedoso, caridoso e clemente é o Senhor Deus, que além de vos conceder o direito de conhecer os vossos erros, não lhes condenou sacrificando, crucificando e assassinado, de forma miserável e medíocre diante de vossos servos, mas sim lhes concedeu a clemência e a dignidade de conhecer a honra e a glória daquele que é Santo, nobre e digno, por isso, ainda que sendo falsos e idólatras arrogantes lhes permitiu conhecer aquilo que seriam as vossas dores e penas, para que cessassem de cometer suas atrocidades contras seus semelhantes.

Porque não será em terra que os vossos corpos sofrerão os lamentos de serem açoitados e desprezados e terem vossas faces esbofeteadas ou vossos corpos perfurados, até que se escorra todo o liquido que lhes fazem sofrer a matéria, porque aqueles que nem piedade, tampouco pena de si sentirão, serão também aqueles que vos aplicaram as vossas correções pelo poder da justiça sobre seus espíritos; não diante de algumas horas de lamento e de sofrimento, mas sim por todo o tempo em que no campo de remissão será necessário, para que sejam vossos espíritos perdoados e libertos de suas maldades. Isso quer dizer, até que sejam pelo pedido de piedade e clemência de vossas essências, libertos de vossos pesares. Mas não porque se encontram em dor e sofrimento clamando por piedade, e sim porque é chegado o momento em que a cura será a liberdade que irá vos salvar, porém, para que seja chegada à cura é necessário que se caminhe até ela, mas é a caminhada pela salvação através da cura do espírito, a própria cruz erguida escorrendo o sangue do lamento e da dor, sem ninguém que possa lhe salvar desta maldita hora.

Mas este que sentiu a dor de ser a demonstração de vossas faltas e desejos imundos, ao lhe estapearem as faces e lhes cuspirem a pena de vossos ódios, não será aquele que espiritualmente lhes condenará ao fio da espada, mas sim aquele que lhes concederá o direito de serem libertos, se assim for de vossos merecimentos, no dia em que ele mesmo for ordenado, que abra o livro dos vivos e dos mortos e anuncie os nomes de cada um que de vossas culpas forem libertos, após a pena da culpa que durará mil anos em elo espiritual de remissão e dor do cume do inferno, pelo julgamento através da dor, igualmente aquela que sentiu quando suspenso estava no madeiro desgraçado.

Porque aquele que fora em carne pregado, de forma medíocre e sangrenta, até a morte, é o único que possui as chaves divinais da clemência e da piedade, capaz de libertar todo e qualquer espírito que tenha pela terra andado, mas devido à arrogância, a idolatria e a falsidade, adentrado aos elos de remissão espiritual da própria miséria, após ter de alguma forma erguido a espada, que assassina e tira a vida da carne material, por acreditar possuir poderes e autoridade para desferir e matar seus semelhantes.

Porém, ainda que em terra tenha sido por aqueles que não o reconheceram e nada sabiam sobre o vosso Pai, morto e crucificado como um miserável ser, que nada mais valia do que a mentira e a inverdade de terra, é ele o único que diante da única e nobre verdade que é a verdade espiritual do Criador, o filho de Deus ou o príncipe do reino do Rei dos reis, o vosso Pai celestial, erguido sobre a ordem santa de anunciar e libertar, após o julgamento santo do Pai eterno, todos aqueles pela inverdade crucificam e matam outros seres, assim como ele um dia fora.

Mas fora ele nascido pela glória, pela luz e pelo mais puro amor divino para ser a demonstração do caminho da dor, que cada um sofrera, se acaso não depositar crença em vossas palavras. E ainda que não depositassem crença em vossas palavras, que eram palavras sagradas, endireitando vossos caminhos pela escolha do amor, certamente que diante de vosso sofrimento pelo sangue derramado acreditariam em vossas palavras. Porque se fora ele nascido da glória do reino de vosso Pai, cujo Pai lhe permitiu sofrer para demonstrar o que viria a ser a dor daqueles que condenam e matam, certamente teria este mesmo Pai, menos piedade e clemência para com aqueles que de vossas ordenanças não havia nascido, e que diante da mesma terra seguiam caminhos pouco nobres ou bons, que eram os caminhos Dele mesmo.

Ou seja, se aquele que fora nascido Filho de Deus e que deixou o vosso Pai para ser exposto a todas as dores e sofrimentos, para trazer-nos as vossas palavras, sofreu todas as amarguras e penalidades do mundo, onde nascera por ser filho da verdade, aqueles que não nasceram da mesma ordem espiritual de ser o caminho divino, sofreriam ainda mais dores e sofrimentos por serem falsos, idólatras e desgraçados de si mesmos, até o dia de vossos perdões, o qual será concedido pelo mesmo em que lhes prendeu devido ao ódio, a arrogância, a falsidade e a inverdade na cruz, não na cruz de vossa pena, mas sim a cruz da pena de cada um que assim como ele chegará não pela ordem de Deus e vontade dos homens, mas sim pelas vossas próprias penalidades para os vossos julgamentos.

Porque não é a cruz a mortalha daquele que filho da luz, do amor, da compaixão e da justiça fora nascido, mas sim a encruzilhada, daquele que, assentado à esquerda de Deus Pai, se firma em dignidade e verdade, porque dela fora também nascido para deter toda a dor que causa a espada, concedendo a todos os que as espadas empulham e matam, o direito e o dever de sentir suas próprias dores derramadas contras os outros seres e assim consumirem em essências tudo aquilo que lhes pertence, quando o que lhes pertence é a miséria do sofrimento e da dor para vossas próprias correções.

E todos aqueles que cometerem faltas e culpas, por eles serão corrigidos e serão igualmente julgados, porque não é o filho de Deus, nem o cordeiro, que purifica aqueles que o entregam pela crença de libertarem-se de vossas impurezas, tampouco aquele que fora nascido pela ordem celestial de ser crucificado para limpar qualquer que seja o erro de terra. Porque se acaso fosse nascido para ser o cordeiro, o animal, jamais teria nascido homem, para ser encarnado igual aos outros iguais. Portanto, não era ele o animal nascido homem ou o homem com determinação animal, quem retiraria os erros, as faltas e os danos, aqueles que os fazem por livre vontade de cometerem, porque estes assim como livremente as cometerem distante da liberdade espiritual, as pagarão através de vossos espirituais julgamentos.

Por isso, não era ele nenhuma espécie de cordeiro ou animal, e sim aquele que viera em matéria demonstrar as conseqüências de vossos atos e faltas, porque são as conseqüências de vossos atos a própria cruz de cada espírito que sofrerá a amargura de ser andante de suas próprias verdades. Porque assim como não poupou o Criador o vosso filho único, nem mesmo do momento de maior dor terrena, pois nem mesmo as vossas suplicas ou pedido de piedade, por vossa carne lhe fora permitido, não serão aqueles que erram e cometem atrocidades contra seus semelhantes, poupados de vossas horas de juízo de existência ou do juízo final, por serem errantes e conhecedores de vossos erros pela vontade de errarem e de serem exatamente aquilo o que são. Porque assim como conhecem o mal, conhecem também o bem, porque este direito fora concedido a todos os homens da terra de forma igualitária.

Portanto aquele que fora pregado na cruz em vida para lhes mostrar a dor e o sofrimento pelo erro e pela maldade, que dói, fere, rasga a pele e machuca até a alma, será o mesmo sofrimento daquele que em estado de consciência subirá para o dia de seu próprio julgamento, assim como subiu o filho de Deus, não para o julgamento, mas sim para ter com aquele que lhe entregou à hora da morte.

CAPÍTULO 14
JUDAS, UM FILHO À ESQUERDA DO PAI

"Jesus lhes respondeu: Não vós escolhi a vós os doze? E um de vós é um Diabo". (João 6:70).

Mas foram todos os discípulos escolhidos por Jesus, não de forma aleatória, e sim porque conhecia Jesus cada unidade espiritual que caminharia, em verdade com ele mesmo, porque eram os doze homens, as doze forças, de doze dons, doze conhecimentos, sabedorias e ciências, que deveria ele mesmo unir, fazendo verdadeira e real a ordem do Criador, que não mudara em nada em relação aquilo que trouxera vosso também irmão espiritual, Moisés, por isso, eram todos os homens escolhidos, munidos daquilo, que cada um iria exercer e labutar, durante e após a vossa partida, os quais deveriam juntos, aprender, conhecer e compreender, para que após a retirada espiritual de vosso Mestre, pudessem disseminar ou ser o exemplo da verdade, ainda que fosse cada um deles, aquilo que em verdade já era.

E conhecia Jesus todos os vossos apóstolos, os quais ele mesmo os procurou e os escolheu, e ainda assim, era um deles considerado por ele mesmo, um filho do diabo. Ora, mas poderia Jesus ter se enganado quando a escolha de um dos vossos aprendizes, em relação a vossa dignidade, a vossa honestidade e ao vosso caráter, e concedido, ainda que soubesse que era este um filho do diabo o direito de assentar-se a mesma mesa que ele, o filho de Deus para alimentar-se do vosso sangue e de vosso pão, assim com aqueles que do pão faziam uso, por terem nascido, para que filhos aprendizes da verdade celestial fossem? Ou poderia o bem caminhar de mãos dadas com o mal, como se ambos fossem bons ou como se ambos não se importassem como o mal?

E, conhecendo bem a todos aqueles que com ele caminharia, conhecia a missão e a ordenação de cada um que com ele deveria entregar-se a verdade celestial de vosso Pai. Por isso, não que fosse Judas, o Iscariotes, nascido de maldade, porque, se acaso o fosse não caminharia este entre aqueles que formavam a unidade de doze forças espirituais divinais com o filho do homem. Porém, classificava este, como sendo o diabo de forma que todos compreendessem, talvez não naquele momento, através da forma de agir e de atuar deste, que lhes parecia ter o caráter duvidoso e a índole má, outrora, chamado de traidor, mas o único nascido com a missão de caminhar entre a bondade e a maldade, a verdade e a inverdade, a crença real e a idolatria, ou as raízes da bondade e da maldade, que imperavam por sobre a terra, porque juntas, estas caminhavam.

Isso quer dizer que, era ele o único, dentre os doze, que carregava, não por vontade própria, mas sim devido a vossa ordenação, de ter que caminhar entre os bons e os maus, o próprio arquétipo do diabo, que era o diabo, o protótipo do erro, da inverdade, da injustiça, das falsas verdades, o modelo do ser errante, pouco verdadeiro, prostrado às suas próprias verdades. E tinha ele a mais árdua e miserável missão de andar entre o bem e o mal, para conhecer as raízes da bondade e da maldade, que os homens tinham, ainda, e ser leal e fiel ao vosso Mestre, e cumprir a sua própria missão, conforme lhe havia sido determinado a cumprir diante de vossa mais sublime e terrenamente odiosa missão, assim como fizera ele, para que também se cumprissem as escrituras sagradas de Deus.

Por isso, não era ele o traidor e a maldade ao qual ele mesmo parecia ser, e sim a maldade que ele mesmo representava os quais os homens carregavam, mas escondiam por detrás de vossas vestes de homens honestos e bons, porque eram os homens detentores do poder, também homens travestidos de bondade e honestidade, porém, recobertos de maldades de terra, maldades estas que os faziam fortes, grandes e capazes, inclusive para matar até o filho de Deus; mas eram estes homens nascidos de tradições, de famílias dotadas de coroas, ajuntamento de pedras e de tijolos, que se diziam, por isso, nobres, nada além do que víboras venenosas ou errantes malfeitores, imundos seguidores de leis terrenas, baseadas em idolatria e poder material, bem distante da verdade do Mestre, que lhes ensinavam as verdades divinais.

Logo, eram estes homens, que conheciam bem o discípulo, aqueles que ao mesmo tempo em que se ras-

195

tejavam em vossos ninhos de cobras, certos e firmes de vossas idolatrias de homens, e de inverdades de terra, os mesmos que amedrontados de perderem as suas coroas, não se curvavam às verdades do único e verdadeiro príncipe, que a terra jamais havia conhecido, não porque não acreditasse em vossos pródigos, porque o fato de que este com poderes celestiais não era nascido da terra, todos sabiam, mas sim porque se acreditassem em vossas palavras diante de vossos poderes deveriam estes, que sequer compreendiam onde ficava o vosso reino, se prostrarem e se curvarem a vossa única e sagrada verdade. Mas, diante do medo de perderem as suas coroas e poderes de terra, baseados em arrogância e falsas verdades e deuses inventados, preferiam se curvar às leis mundanas, que lhes cobriam as certezas do ouro e da glória fugaz em que viviam, do que se curvarem às leis e mandamentos verdadeiramente celestiais, que sequer lhes era possível compreender, de onde partia o reinado sagrado do qual falava aquele estranho e maltrapilho homem.

E assim caminham cegos em vossas verdades, porém, cego não é aquele que nascera sem a visão material dentro de vossa própria missão espiritual, e sim aquele que, diante da verdade, prefere fechar os olhos acreditando que os olhos vendados lhes tirariam as manchas e as culpas de não terem visto a verdade, para exercer aquilo do que é o desejo de Deus a vossa unidade espiritual.

Por isso, ao mesmo tempo em que se rastejavam em vossos ninhos de cobras, amedrontados pela possibilidade de perderem as vossas coroas, intimamente se curvavam as verdade do único, real e verdadeiro príncipe que a terra havia conhecido, porque se acaso não lhes fosse esta uma verdade, jamais o teriam condenado à morte, para que este lhes fosse apagado de vossas vistas, como forma de não precisar se curvar as vossas palavras, que eram palavras boas e santificadas. Porque certamente estas os fariam endireitar-se para serem menos errantes e imundos de si mesmos. Mas sedentos de poder e de glórias de terra, cuja glória era da terra a única fonte de alimento, que os abasteciam; precisavam sentir o sabor de suas vontades para terem o gosto amargo da miséria, e conhecer o alimento da clemência e da misericórdia, que somente os que não se alimentarem do pão da vida clamarão e implorarão em vossas horas de lamento e de dor, quando o ranger de dentes for a única força que ainda lhes restará em vossas indignas e miseráveis unidades espirituais, no dia de vossos juízos.

Mas, vejam vocês, se não eram eles aquilo que fazia o Iscariotes, naturalmente, com a permissão de vosso Mestre, para mostrar-lhes que poderiam eles também, ainda que de índole má, caminhar livremente entre o bem e assentar vossas incertezas as glórias do Pai, trazidas por vosso filho Jesus, para conhecer o que viria ser a certeza e a verdade. Porém, eram eles possuidores de certezas más, pouco conhecedores de seus próprios espíritos, feitos de caráter repugnante, tal qual era o Judas, não igual, mas sim a representação daqueles com quem andava, e aqueles com quem andava acreditavam e desejavam, assim como ele conhecerem de perto o bem, andarem com o bem, porém devido as suas altas patentes e arrogâncias ausentarem-se da verdade para continuarem vivendo as vossas inverdades, que eram estas as próprias espadas apontadas para as suas faces malditas.

Porque não fora ele, o traidor, ainda que traidor, pudesse ser a única palavra que lhes desse em terra compreensão daquilo que faria Judas, em cumprimento de vossa ordenação, para que se cumprissem as palavras divinas, de forma que todos pudessem entender que todo aquele que, assim se comporta e age, é de fato como um traidor.

Mas era Judas, não o traidor, e sim a representação daquilo que era o homem de terra diante de vossos atos e ações más, todas elas. Portanto ele, não o errante e traidor, agindo por vossas próprias vontades, mas sim o que conhecia a vida e a morte, a verdade e a inverdade, o bem e o mal, por ter que andar com eles sobre a ponta da espada, igualmente voltada para a sua face, assim como havia sido ordenado que caminhasse e cumprisse, porque era esta a vossa missão, missão de ser a representação de tudo o que é ruim, e tudo o que é mau, que caminha entre o bem se fazendo de bondade, travestindo-se de caridade, porém, sendo a própria serpente arrogante da maldade, que os homens escondem dentro de si.

Portanto, não era ele o mau, porque se acaso fosse, não caminharia ao lado do Mestre Jesus, porém, tinha permissão para conhecer o mal, o malfeitor, o ruim, o desgraçado, o estúpido, o imoral, por isso, não era ele a maldade, que com a bondade andava, e sim aquele que tinha permissão de vosso Mestre, para com ele também caminhar e conhecer o que viria a ser o homem mal, ou o próprio mal que caminhava em forma de homem por sobre a terra, que não poderia o Mestre junto caminhar ou não poderia o Mestre aproximar-se, a não ser que fosse para ensinar, uma vez que não caminha o bem ao lado do mal, porém, se fazia necessário o conhecimento de vossa existência, de forma que, no momento ordenado da união espiritual, entre o bem e o mal, ambos se juntassem para o cumprimento da determinação divina do Pai.

> *"Tendo dito isto, turbou-se em espírito, e afirmou, dizendo: Em verdade em verdade vos digo que um de vós me há de trair... Jesus respondeu: É aquele a quem eu der o bocado molhado. E molhando o bocado, deu-o a Judas Iscariotes, filho de Simão. E, após o bocado, entrou nele satanás. Disse, pois, Jesus: o que fazes, faze-o depressa"*
> (João 13: 21, 26,27)

Ora, mas as horas corriam e o momento de voltar a casa do Pai celestial se aproximava ao Filho de Deus, o qual necessitava que vossa missão se findasse por aquele momento, pois esta já havia espiritualmente terminado assim como a vossa determinação junto à fonte de Deus e vossos servos Espíritos. Por isso, entregando o bocado a vosso servo discípulo, ordenado dentro da missão de caminhar entre os lobos farejadores, que deveria este o entregar a vossa maldita hora, o mais rápido possível, fora ele ao momento mais amargo e indesejável servir as ordens do Mestre, porque era ele aquele que, nascido da ordem de ser a representação dos homens maus, o próprio diabo, que junto ao mal deveria caminhar e conduzir o Filho de Deus às faces da maldade, vestida de homem. Pois não possuía o próprio Mestre permissão divina para caminhar com a maldade e a ela entregar-se.

Mas, fora nascido em terra de homens aquele que seria o caminho e a direção para que pudesse o filho único mostrar a toda a humanidade, quais eram as conseqüências de vossos atos e ações más, contrárias às vontades de Deus, por isso, tendo com ele um espírito nascido da ordem de caminhar entre o bem e o mal, para lhe servir de instrumento espiritual em terra, uma vez que não poderia ele mesmo caminhar face a face com a maldade, porque não é o bem uma unidade de energia e fluidez sagrada, que possa caminhar de mãos dadas com o mal, pois embora o bem possa se adaptar e comer na mesma mesa que o mal, o mal tão logo irá se alimentar de vossa cabeça na mesma mesa que os servem. Mas era preciso que o momento e a hora chegassem para que o mal se alimentasse do bem, o fazendo sucumbir à unidade material, diante da mesa farta e posta conforme a vossa vontade.

Ora, mas Judas, o Iscariotes, era um servo discípulo, instrumento do conhecimento, do caminho, da dor e da maldade, um homem leal e fiel, que amava o vosso Mestre, e amando o vosso Mestre, com toda a vossa verdade, não havia ele por si mesmo conseguido executar a vossa determinação de lhe entregar aos lobos sedentos por sangue, por amor a um rei de víboras mundanas, pois amava em verdade o príncipe celestial, por isso não havia ele se prostrado aos reis da terra, o que, sabia ele, que para estes que sedentos do sangue inocente não importava se matassem apenas o vosso Mestre ou a ele também, pois conhecia bem os desejos e a intenções destes, que se rastejando como cobras farejando as suas prezas, poderia ele igualmente servir de preza ao entregar o filho de Deus.

Mas não se preocupava em perder a vossa própria vida em nome de vosso Mestre, mas lhe faltara coragem na hora da hora mais importante que era a hora de cumprir a vossa missão espiritual ordenada, por isso, fora ele aos vossos pés do filho de Deus lhe pedir além de vossa permissão, forças e coragem para que pudesse executar a vossa árdua missão de lhe fazer frente a frente com o mal.

E recebendo o bocado de pão molhado junto à confirmação de que deveria apressar-se em cumprir o vosso feito, pois a hora já estava se esgotando, encorajou-se com todas as forças que recebera ele; forças estas que o conduzia em verdade, para caminhar entre o bem e o mal e ainda assim ser leal e verdadeiro ao vosso Mestre, e então, apressou-se em cumprir a ordem celestial.

Porque este que havia nascido da ordem divinal de lhe conhecer, caminhar e lhe apresentar aos maus, que em verdade são os maus conceitos as más ações e intenções, nascidas da idolatria de deuses criados em terra, não teve por si mesmo ânimo de enfrentar a sua também hora, até que esta não fosse permitida e autorizada, para que pudesse o conduzir frente a frente aos homens que aguardando o sangue ser derramado sobre o madeiro da desgraça e da dor, para libertarem-se do medo e da insegurança de perderem vossos tronos.

Portanto, fora ele, o Iscariotes, tão leal, fiel e verdadeiro a vossa missão, porque assim como cumpriu a missão de caminhar entre as covas de leões, fazendo-se leão até o momento de vossa hora maior, da mesma forma recebeu o direito de caminhar com o filho da dor, para que pudesse conhecer tudo o que de mais puro, real e verdadeiro pode existir acima dos céus, seguindo a vossa única e sincera verdade, que diante de vossa crença lhe faz igualmente aos demais servos, um homem obediente, pronto para a labuta de conhecer tudo aquilo que tinha que conhecer, para cumprir a ordenação de fazer estar frente a frente o bem e o mal, os quais, tinha que em algum momento unir, ainda que fosse esta união o fim e não o começo.

E assim exerceu tudo aquilo que a ele fora espiritualmente ordenado para que pudesse o príncipe deste mundo ser julgado pelo mundo, uma vez que era o desejo dos homes da terra.

> "Disse-lhe Pedro: Por que não posso seguir-te agora? Por ti darei a minha vida. Respondeu Jesus: Tu darás a tua vida por mim? Em verdade, em verdade te digo que não cantará o galo enquanto

não me tiveres negado três vezes" (João 13:37,38)

Mas vejam vocês, filhos da terra, se não era aquele que jurava amá-lo e a vossa vida a ele, se preciso fosse entregar, aquele que lhe negaria por três vezes, antes mesmo que cantasse o galo. Por que fora este, diferentemente do servo Judas Iscariotes, que não se amedrontou após a vossa permissão em unir o bem e o mal, mesmo sabendo que a vossa vida pudesse ser igualmente findada junto à vida de vosso Mestre, porque conhecendo o mau, sabia que pouco importava aos homens que o vieram retirar deste mundo, se apenas uma ou duas vidas lhes seriam próprias para serem assassinadas. E, mesmo assim, não negou a vossa missão, e serviu até o último momento, sendo leal e fiel à ordem de ser aquele que, de frente com a maldade, se apresentaria para unir ambas as unidades de forças que em terra caminhavam.

Mas fora aquele que o jurou amar o mesmo que se esquivou de vossa missão e o negou conhecer, negou andar ao vosso lado e negou saber quem era o vosso Mestre. Ora, mas não seria este, assim como aqueles que possuem inverdades, mas caminham com a verdade travestida também de verdade, igualmente um filho da falsidade? Então, respondam filhos da terra, quem de fato traíra o vosso Mestre, senão aquele que o jurava lhe amar? Porque aquele que o entregara à hora da morte, fora o filho da perdição e não o próprio filho do diabo, porque era a perdição o caminho do qual caminhavam os homens da terra, mas é o filho do diabo aquele que se veste de verdade e diz não conhecer a verdade quando lhe perguntam com quem andas.

Mas existia, dentre os doze, um que de fato era filho da verdade. E conhecendo o vosso discípulo verdadeiramente, e o vosso discípulo conhecendo ao seu Mestre, concedeu-lhe o Mestre ao vosso, também amado, um último adeus em terra. E como forma de agradecimento e perdão a vossa dignidade, lhe beijou o discípulo a face, despedindo-se de vosso Senhor, que, conhecedor de vossa missão, lhe permitiu a honra de ser por ele mesmo guiado até o momento de vossa mais dolorosa e árdua missão, que seria a vossa retirada. E assim, juntaram-se as faces para o último beijo em terra.

> "E achando-se eles na Galiléia, disse--lhes Jesus: O Filho do homem será entregue nas mãos dos homens; E matá--lo-ão, e ao terceiro dia ressuscitará. E eles se entristeceram muito" (Mateus 17: 22,23)

Mas fora Jesus a vossa hora, porque conhecia o vosso momento, e junto estava Judas, para lhe entregar a vossa hora, porque sabia que se fazia necessário que fosse ele mesmo o autor do dano, que juntaria o bem e o mal, para que se cumprissem as escrituras, porque eram as escrituras as profecias divinas do caminho da vida e da morte; não a morte de Jesus, o vosso Mestre, tampouco da morte de vosso servo, que lhe juntara a mais pura e miserável maldade em terra, e sim daqueles que desejavam a vossa retirada por vontade própria de nutrir a vida material pela carne, que finda ao invés de nutrirem-se pela verdade da carne e do Espírito, que liberta e restaura os danos, que somente a carne é capaz de fazer.

E, diante da entrega de vosso Mestre, que lhes pareciam a entrega da carne, o fim daquele que caminhou e andou entre os homens em terra de homens. Não fora este o término, nem da missão de Jesus, o filho único de Deus junto ao seu povo, para ensinar e endireitar, tampouco o término da missão espiritual de Judas, também servo e filho da perdição; porque este teria ainda que sentir o gosto do fel, assim como sentem todos aqueles que da verdade própria conduzem suas vidas em terra de erros, não que fora ele nascido de erros, mas sim porque era este o início de um novo tempo, tempo espiritual divino, entre os céus e a terra, conseqüência dos erros que os homens cometem.

E, estando ele conhecido pela representação de todo o mal que os homens fazem contra si mesmos, e contra os seus, fora ele entregar-se para a morte da carne, confessando a própria morte, diante da dor e do pesar que causaste ao vosso Mestre. Porque é este o fim de todos aqueles que se entregam aos prazeres e delícias das glórias mundanas, sejam estas quais forem, até o momento em que compreendem que não é a vida terrena a passagem pelo embriagar-se de cálices transbordando de danos, dores e pesares a verdadeira vida que lhes deseja o Criador. Porém, são as dores, os danos e os pesares a própria morte de quem caminha diante da verdade, nutrindo-se de inverdade ou nutrindo-se da própria morte.

    E cheio de morte, entregou-se a própria culpa, ainda que tenha cumprido a vossa mais importante, embora desgraçada e miserável missão de caminhar entre a dor e a cura e seguiu, assim como são todos aqueles que cometem ou entregam-se a própria morte, pelo medo da vida, que mais lhes parece um campo de dor e de pesar, impossível de caminhar, do que um campo de aprendizagem espiritual, para alcançar de maneira espiritual a vossa verdadeira recompensa.

    Mas era ele, aquele que em terra recebera o nome de Judas, o Iscariotes, espírito nascido não somente da certeza do Criador, de que cumpriria a vossa missão, para que pudesse ao término desta, que era uma das mais árduas e duras missões terrenas, diante do solo da terra, regressar a vossa unidade espiritual, de nome inferno, de onde fora ele nascido, para ser erguido ao vosso posto espiritual da qual ausentou-se para que em terra cumprisse uma ordem espiritual.

    Porque somente um espírito nascido do mais importante campo espiritual, de onde as verdades próprias e inverdades se encontram, para serem refeitas em verdade espiritual, é que poderia caminhar diante da vida, sendo conduzido pela morte e cumprir a missão de carregar em vossas contas a morte daquele que era o filho de Deus, para que pudesse adentrar não ao inferno pela dor e pela culpa de vosso pesar, mas sim diante daquilo, que ele mesmo conhece, porque de lá, fora saído e ordenado para cumprir a ordem de igualmente descer a terra, caminhar entre o bem e o mal, e regressar para o campo, onde o mal caminha sobre a vossa ordenação, e não distante dela.

E estando ele diante do cume do fogo, ou o mesmo fogo do qual se encontram os espíritos mais imundos e desgraçados de si mesmos, caminhantes de vossas próprias verdades, onde somente a proclamação do filho único de Deus é a chave da clemência e da piedade, capaz de absolver pela verdade que carregam todos aqueles que cumpriram as vossas penas, para libertar de vossos pesares e dores, no dia em que a dor se desprende do espírito, para que este possa novamente caminhar; adentrou o discípulo a este elo espiritual de sombra como todos os outros que neste campo adentram e fora igualmente trancafiado, assim como são trancafiados todos os que encurralados pelas portas do nada são.

Mas, não sendo ele, espírito imundo, recoberto de faltas e danos espirituais, que apenas no último dia do milésimo ano de sua permanência, em elo de remissão, é que receberá permissão para levantar-se e clamar por liberdade espiritual, não pela certeza de ser ouvido, mas sim pelo término da limpeza e purificação de alma que se encerra ao término de mil anos de reclusão no cume do inferno. Recebera ele ao terceiro dia de vossa permanência no inferno a clemência misericordiosa como chave para a liberdade para que fosse posto em liberdade igualmente são colocados aqueles que ao último dia de remissão dentro da escravidão infernal, chamam por clemência para serem soltos.

Não por estarem às trancas das portas do inferno abertas a ele, e sim por ordem do Criador, que lhe permitiu após o terceiro dia de pedido de clemência, pela dignidade que recebera de vosso mais altivo e amado filho, ao qual em terra lhe chamavam de Mestre, o Mestre de todos nós, o único que possui permissão do Pai celestial para abrir o livro da morte e da vida, e proclamar os nomes daqueles que, pela vida espiritual, receberam a chance de voltar a serem vivos, porque era este tão digno quanto à dignidade que carregava as vossas certezas.

Ergueu-se em espírito e, em verdade, no momento de vosso mais sublime e majestoso instante, porque não apenas adentrou a casa dos mortos pela hora de vossa também morte para sentir a dor da própria morte, após retirar-se em matéria do campo terreno para remissão de vossa unidade espiritual, ou para receber o galardão do que não lhe pertencia, mas sim porque é o caminho do inferno a estrada para todos que cometem atrocidades contra os seus. E seguindo ele todos os caminhos desde a vossa descida terrena até o vosso regresso espiritual caminhou por todos os caminhos espirituais reservados a todos os filhos que através da carne serão consumados, por isso, não lhes fora as trancas do inferno apartadas.

Mas esteve o vosso Mestre, não dentro da casa dos mortos, e sim diante do trono do Pai celestial, pois fora pedir ordem e permissão, não para libertar o vosso discípulo pela hora de vossa saída, e sim pela dignidade, amor e verdade em que cumprira a vossa ordenação, de ser, caminhar e servir de representação a todos os filhos de Deus, que de vossa verdade caminham distante. Porque não era ele nascido da própria morte para ser um filho da morte, porque este adentrara aos campos de remissão diante do inferno para fazer cumprir o caminho da vida de quem prefere a não vida.

Não que fosse ele merecedor, ou não que não fosse ele conhecedor da casa dos mortos, porque de lá fora saído, pois esta unidade espiritual é a vossa única e verdadeira casa, mas sim porque é o vosso Mestre, tão amável e piedoso, clemente assim como é o vosso Pai celestial, que serve em representação pela bondade, pelo amor, pela caridade e pela glória eterna, estendidas a todos os que pela verdade se entregam e lutam, igualmente, pelo vosso nome e vossa sublime glória.

E, por isso, esteve o vosso Mestre durante a caminhada divinal pelo caminho da luz eterna, para busca de vossa liberdade, que fora concedida ao terceiro dia de clemência, porque é o terceiro dia a distância espiritual entre o caminho do bem e do mal, pela força espiritual que os separam em verdade e unidade. E estando ao terceiro dia espiritual, diante do trono celestial do Pai eterno, recoberto de glória e de bondade do Espírito Santo, porque estava também o Criador, certo de que a vossa bondade e a vossa misericórdia, que recobria o vosso filho de glória, era a verdade Dele mesmo, que iria utilizar o filho único, representação de vossa caridade e clemência, para resgatar o vosso irmão do cume do inferno. Porque é a clemência a única chave em forma de piedade, amor e dignidade, que o vosso filho, cheio de vossa caridade, amor e bondade, poderia erguer para libertar o vosso também irmão, nascido do fogo pelo próprio fogo, de onde se encontrava, porque a ele a salvação fora concedida.

E diante do mais elevado, sublime e majestoso trono espiritual, de onde as energias firmadas a vossa destra e a vossa esquerda se encontram, formando não o bem e o mal, e sim a união de forças, as quais atuam as duas esferas espirituais firmadas a certeza do Criador, que são, a direita e a esquerda, a frente de vossa face, proclamou o vosso Filho assentado a vossa destra, a unidade espiritual de vosso também filho assentado a vossa esquerda, para que este, em liberdade espiritual pelo direito concedido pelo Espírito Santo, pudesse caminhar, não entre as casas celestiais, porque é ele espírito altivo dentro dos campos de remissão, e sim para que pudesse voltar e ser livre em unidade, em vossa própria casa, onde a unidade espiritual encontrava-se em essência, não por inverdade, e sim para o cumprimento de vossa missão, junto ao vosso também Pai celestial.

E assim fora o Filho diante do trono do Pai eterno glorificado, porque é ele o caminho da verdade, cuja verdade é o único caminho que poderá vos salvar. Portanto, aquele que, conhecendo as vossas palavras, e escolhendo diante do erro andar, assim será um eterno errante e terá a mesma quantidade de horas, que dedicar-se a praticar a inverdade exposta à dor e ao lamento de ser um filho da própria verdade, ao qual é o diabo o pai da inverdade servindo a ele mesmo, porém ao diabo reserva-se as trevas pois são as trevas a sua casa espiritual ou a morada.

Por isso, todos os filhos nascidos do mesmo seio amado do Pai eterno terão a mesma chance de caminhar entre as verdades de Deus e conhecer as vossas verdades, para o vosso próprio progresso e salvação, perante suas próprias promessas, ainda que os seus caminhos sejam caminhos tortuosos. Porque é a casa de Deus, morada eterna de amor, de caridade, de compaixão e dignidade, por isso, todos os filhos terão o mesmo direito celestial de conhecer, por vossas casas sagradas, ainda que levem séculos e séculos espirituais, porque nisso encontra-se a justiça do Criador.

E ainda que os vossos caminhos sejam caminhos tortuosos, são as casas de Deus, as moradas eternas de amor, de caridade, de compaixão, de dignidade, de remissão e de perdão, feitas em amor e em verdade, para que todos possam adentrar, e assim se recolher, aprender, purificar e regenerar, para que no momento certo, ou no momento em que estiverem preparados, possam caminhar firmemente diante da única e real verdade do Pai celestial.

Então terão todos os seres espirituais encarnados as mesmas chances dentro dos mesmos deveres de ser e executar tudo aquilo que fora pelos Santos derramados, e por vossos guiadores também trazidos e ensinados,

211

porque são estes também os carregadores da luz divina, para executar com presteza e nobreza tudo aquilo que fora determinado, para que através da caridade possam conduzir os seres encarnados, de forma que estes possam andar sobre os caminhos santificados pelos passos de onde já pisaram os Santos, os Anjos e os guiadores e carregadores da luz divina.

Caminho este que somente um Espírito nascido para ser o Espírito Homem, ou o filho único, o mais nobre dentre os mais nobres espíritos, pisou os passos para que todos pudessem caminhar por sobre as pétalas, que se encontram nos elos espirituais de onde todos partem, quando não necessitam forjar os vossos pés por sobre as brasas, que as vossas próprias mãos criam, por acreditarem ser tão grandes quanto os grandes espíritos ordenados, para vos acompanhar e encaminhar em direção as trilhas da paz, ou quando crêem que sabem caminhar sozinhos por esta terra, por acreditar que os vossos madeiros serão menos desgraçados, apenas por não serem de madeira e de prego, ou ainda tão supremo quanto à supremacia dos Santos, que tenta vos conduzir com belos passos, aos passos das pegadas do Criador.

Por isso, serão todos guiados e levantados pelas próprias mãos dos Santos, e dos não Santos, quando preciso for, para que não construam suas próprias cruzes ou não pisem nas próprias brasas, criadas com intenção de vitória momentânea, que não os elevará em nada, diante dos castelos celestiais, que vos aguardam em eras e séculos mais próximos do que a própria ideia mundana dos que vivem da vida material e pela vida material possam acreditar.

    Pois somente a misericórdia do Ser Supremo poderá salvá-los de serem mortos e findados pelas vossas próprias mãos, que cavam não somente as vossas covas terrenas, como também ascendem os próprios fogareiros infernais, os quais poderão adentrar em brasas perante vossos desesperos mundanos de serem o que jamais foram, e jamais serão, se acaso não souberem caminhar os caminhos da humildade, da dignidade e da esperança, pelos quais caminhou aquele que, após ter sido humilhado no madeiro da extrema dor, foi o único capaz de mostrar a todos que a vida daquele que, em terra se embebedara em fartas taças postas em vermelho sangue, continuará na vida espiritual a beber da própria dor, que o vermelho do sangue vos permite saborear e sentir.

    Porque é esta a vida espiritual daquele que em vosso Criador não crê, por escolher caminhar com vossos falsos salvadores, nascidos da idolatria material, ou crer em qualquer sopro de inverdade abastecida do rubro dentro de cálices de injustiça que não somente do sangue se alimenta como também da carne podre, que desce e escorre das entranhas de quem morre diante da mesa posta, para ser o caminho da paz de quem busca o tormento eterno, após ser findado, assim como finda tudo aquilo que perece pela falta de humildade, nobreza, dignidade e santidade, pelo breve tempo que diante do solo da terra é consumado.

"Por isso, filhos do mesmo Deus! sejam bons, sejam gratos e sejam o reflexo de vosso Criador, pelo amor, pela caridade pela compaixão e pela humildade. Porque este é o desejo de todos aqueles que erguidos foram para vos encaminhar e vos proteger sobre o sol desta mesma terra, os Espíritos. Pois nisso encontra-se a esperança de todos os que estão assentados a direita e a esquerda de Deus Pai, prostrados igualmente em amor em dignidade em humildade e em verdade. Por isso, filhos da Verdade! conheçam a verdade, creiam na verdade, andem em verdade, porque é a verdade do Criador a única chave divinal em campo material capaz de vos libertarem; não desta sagrada terra, nem desta da caminhada espiritual, mas sim de vossas próprias maldades"

(Altíssimo Senhor das Sete Cruzes e Senhor Altíssimo Júlio Cesar Celestial).